EL PESCADO ESTÁ EN LA RED

PAPERBAGE

PRÓLOGO

Publicamos este libro con la sana intención de compartir cómo compartir el conocimiento. Partimos de que compartir el conocimiento es sin duda una de las cuestiones más actuales, uno de los objetivos de mejora que todas las organizaciones tienen en su agenda, pero que, al mismo tiempo, es algo que todavía se nos antoja ajeno y extraño a la mayoría de ellas. Quizá porque tenemos la impresión de que es una idea demasiado abstracta, que no termina de concretarse, que no pasa de ser buenas intenciones que no sabemos llevar a la práctica diaria.

Y eso es exactamente lo que pretendemos, poner los pies en el suelo uniendo las teorías con la práctica. Hemos recuperado, por su validez, viejas ideas de teorías clásicas. Hemos descubierto, por su novedad, nuevas teorías que intentan explicar la nueva era de la información. Las hemos combinado, por nuestra cuenta, y hemos creado una receta nueva con todos esos ingredientes. Todos ellos nos han servido de base para desarrollar y proponer una serie de herramientas de diagnóstico, diseño y acción comunicativa. Son herramientas para facilitar la comunicación entre las personas. Hemos completado un puzzle en el que las piezas nos encajan. Las hemos puesto en práctica, algunas de ellas parcialmente y a escala reducida, y finalmente, hemos querido difundirlas para poder encontrar más gente dispuesta a colaborar con nosotros, bien llevándolas a la práctica bien ayudándonos a desarrollarlas.

En la primera parte del libro nos centramos en definir el conocimiento tal como lo entendemos. Además explicamos cómo hacer un diagnóstico inicial del flujo de conocimiento -si es que existe- y de los tipos de aprendizajes establecidos en una organización.

En la segunda, proponemos cómo diseñar la red sobre la que fluirá el conocimiento.

En la tercera y última parte, presentamos nuestras herramientas de acción comunicativa donde decimos que *el enfoque lo es todo*. Descubrimos que hay un enfoque adecuado para cada necesidad comunicativa.

Por último, advertimos que hemos escrito el libro procurando usar un tono coloquial, cercano, para una lectura más amena. Esperamos haberlo logrado.

Cualquier persona u organización interesada en participar, colaborar o desarrollar nuestras propuestas puede ponerse en contacto con nosotros enviando un mensaje a esta dirección de correo: paperbage@gmail.com.

Dime, ¿Qué se comenta?
¿De verdad quiere saberlo?
Por supuesto, el conocimiento compartido es fundamental
Dicen que es un inútil, un incompetente y que su mujer se la pega con otro.
ops

PAPERBAGE

Índice

¿Qué es el conocimiento?

Para contestar correctamente esta pregunta hemos recurrido a los expertos. En concreto, hemos consultado el diccionario de la RAE.

Nos dice que el conocimiento es, en su primer significado, la acción y efecto de conocer; aunque luego añade otras acepciones, como que es el entendimiento, la inteligencia y el tener noción o saber de algo.

Algo es algo. Algo así como la capacidad que tenemos los seres humanos para entender la realidad, la naturaleza y el mundo que nos rodea.

Simplificando, para entendernos, el conocimiento es lo que sabemos. Bueno, lo podemos decir con más exactitud y más detalle, pero como definición para echar a andar nos vale.

Y como estamos empezando echemos la mirada atrás para empezar desde el principio. Porque todo resultaba más simple antes. Recordemos cómo era el mundo antes de Internet. Aquel tiempo, cada vez más lejano, en el que el conocimiento residía en los libros, o si nos referimos a personas, en eruditos, auténticas bibliotecas andantes, también conocidas como ratas de biblioteca, ya especie en vías de extinción.

La educación era eminentemente memorística. Lógicamente, en aquel entorno, quien era capaz de almacenar mayor cantidad de conocimientos en su cerebro, era quien estaba mejor preparado.

Pero llegó Internet y universalizó el conocimiento, lo puso al alcance de todos.

¿Qué quería decir esto? ¿Que de pronto todos éramos sabios? ¿De golpe y porrazo todos gozábamos de un conocimiento superior y al máximo nivel? ¡Claro que no! Sólo significaba que estaba al alcance si, dicho metafóricamente, estirabas la mano y sabías qué querías agarrar, asir y recoger.

Porque estuviera al alcance no significa que todo el mundo dispusiera de ello, sólo significa que quien fuera capaz de discernir, de diferenciar, de buscar, de clasificar o de encontrar, lo podría utilizar.

Dicen algunos expertos que, en el momento presente, el conocimiento crece a un ritmo exponencial. Por lo visto es difícil saberlo con exactitud, pero hay quien dice que en diez años se duplica en número. Algunos les llevan la contraria diciendo que es incluso más rápido, que esa duplicación ocurre en únicamente cinco años. Esto tiene como consecuencia que cualquier graduado o licenciado recién salido de la Universidad esté desfasado antes de empezar a trabajar. En realidad estaban ya desfasados los conocimientos que les enseñaron en la universidad. El desfase es monumental, sideral, enorme, casi insalvable.

Ahora tienes otras vías para llegar al conocimiento actualizado, no desfasado. Puedes hacer un curso del MIT online, un curso de Oxford, de Sydney o de Logroño. Puedes recibir en tu ordenador los últimos avances y descubrimientos referidos a tu trabajo. Puedes seguir las investigaciones punteras casi en directo. No hace falta que esperes varios años hasta que una editorial alemana o americana venda sus derechos de edición a una editorial en lengua española para que publique eso tan interesante que hicieron en Hannover o en Cleveland. No tienes más que darle a la tecla. Ya no hay excusas. Tú puedes hacerlo. Nosotros podemos hacerlo. Cualquiera puede.

En realidad, ahora, la habilidad más importante es saber qué es lo que buscamos y encontrarlo en el maremágnum de la red. La información y el conocimiento nos esperan en la nube, están esperando a que alguien les dé significado, puesto que la información y el conocimiento por sí mismo, sin el sujeto, no son nada más que bits, ceros y unos en aparente desorden flotando en el espacio virtual. Esto con permiso de la Inteligencia Artificial, con mayúsculas, que cualquier día nos despertaremos y nos habrá comido la tostada.

Pero nosotros seguimos sin aclararnos. ¡Estamos bloqueados! ¿Qué nos pasa? ¡Si ya está todo ahí! Ahora, dicen los expertos -todavía los hay, ¡cómo no!- el conocimiento emerge de la red, basta que alguien mire y lo encuentre para que salte como un delfín.

Pero tenemos un problema. O más. Y es que ¿qué sería de la vida sin problemas? Es que ahora tenemos tanto donde buscar y encontrar que la propia abundancia se convierte en nuestro mayor obstáculo. Si no tenemos qué comer pasamos hambre pero si nos pasamos… ¡Ay! Si nos pasamos sufrimos una indigestión. Tener demasiada información es tan problemático como no tener casi ninguna. Cierto.

Pero peor era la escasez, la dificultad de acceso al saber y el control de la información por parte de unos pocos. Por eso nosotros pensamos que en esta tesitura nos quejamos de vicio. Esta vez sí.

Por consiguiente, manos a la obra. Fuera miedos. Vive tu tiempo. Sumérgete en este océano de saberes y datos, bucea y emerge completamente empapado de conocimiento. Y compártelo. Porque la vida también es eso. Por encima de todo. Compartir.

El mundo ha cambiado radicalmente. En nuestro tiempo, en la era después de Internet, se dice y se comenta que la verdadera riqueza de las organizaciones es el conocimiento compartido.

Y es cierto, sí. Hay que compartir. Y aprender compartiendo. Porque reservarte la información y el conocimiento, como alto secreto o arcano indescifrable listo para usar en el momento clave para encumbrarnos, no funciona si vamos de llaneros solitarios en un mundo lleno de sinergias y colaboraciones espontáneas masivas.

Debido a que todo cambia tan rápido que no podemos pararnos y dar por terminado el proceso de aprendizaje, nadie puede decir más que lo sabe todo, que ya terminó de aprender, estamos inmersos en una sucesión ininterrumpida e inacabada -también inacabable- de formación continua. Casi nos da vértigo pensarlo. Pero esto es así en todos los campos de la actividad humana, en todos los campos del saber humano. Como decía aquél: Ya descansaremos cuando estemos muertos.

LA VERDADERA
RIQUEZA DE LAS
ORGANIZACIONES ES
EL CONOCIMIENTO
COMPARTIDO.

PAPERBAGE

Nosotros proponemos hacer un diagnóstico del flujo de conocimiento existente en nuestra organización -por mala que sea algo de vida inteligente habrá- para luego poder diseñar mejores caminos y vías por donde pueda discurrir con fluidez esa savia organizativa que es el conocimiento. Porque siguiendo a George Siemens, la clave es el flujo de conocimiento, el reconocimiento de patrones en un mar de complejidad, la creación de significados por medio de redes de aprendizaje.

La horizontal es más cómoda que la vertical

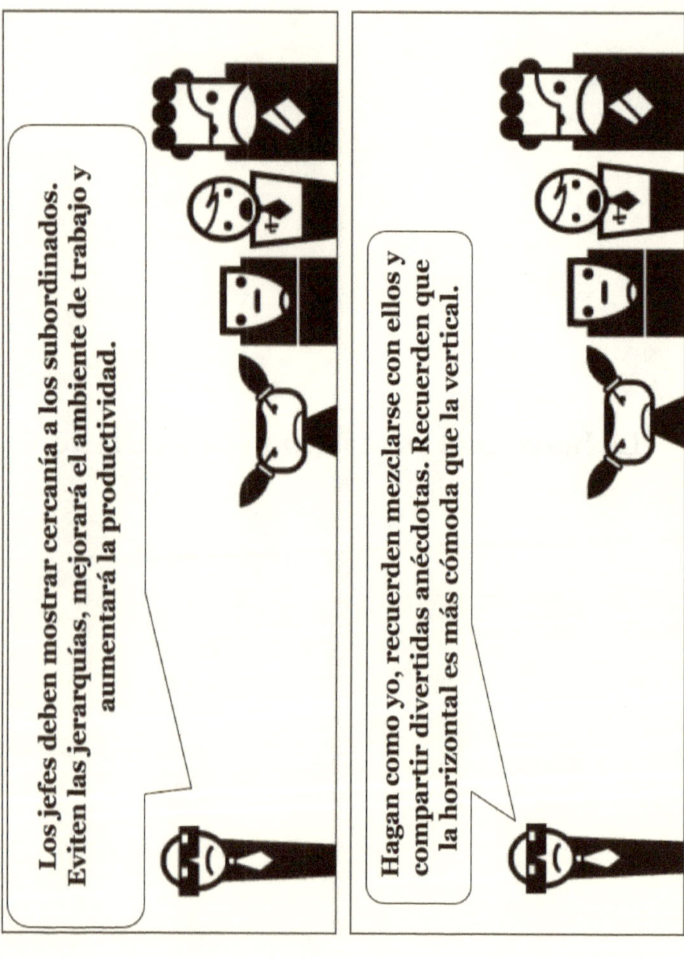

Los jefes deben mostrar cercanía a los subordinados. Eviten las jerarquías, mejorará el ambiente de trabajo y aumentará la productividad.
Hagan como yo, recuerden mezclarse con ellos y compartir divertidas anécdotas. Recuerden que la horizontal es más cómoda que la vertical.

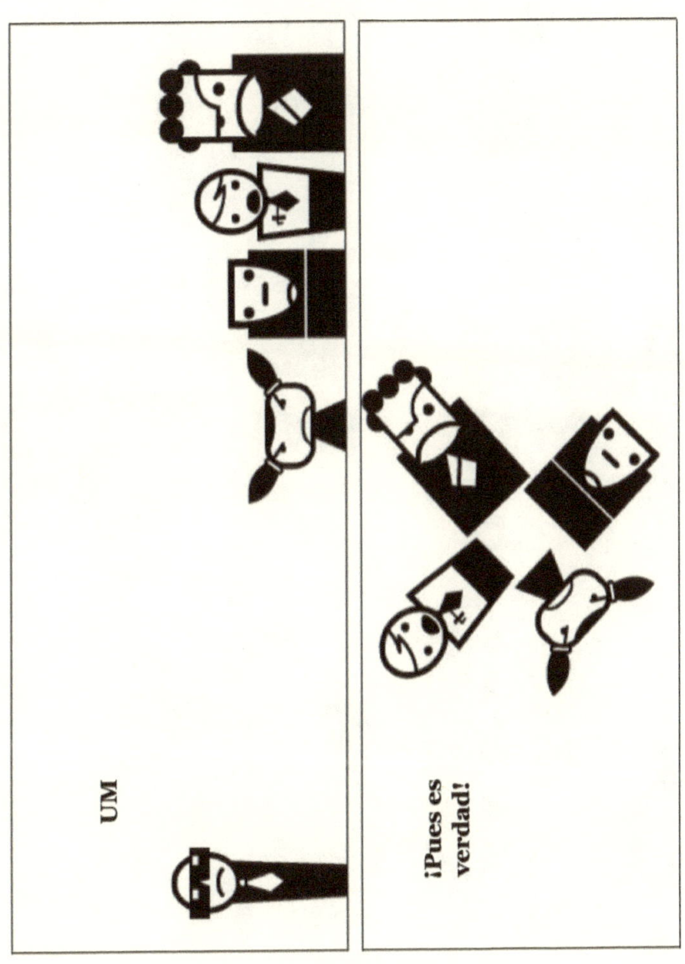

UM
¡Pues es
verdad!

LA HORIZONTAL
ES MÁS CÓMODA
QUE LA VERTICAL.

PAPERBAGE

Es así en casi todos los casos. Prueba a subir en bici cualquier tachuela. Corre monte arriba. Sube hasta un cuarto piso por las escaleras. No seguimos con más ejemplos. Como resaltaba el teutón: no hace falta decir más. Esto es una consecuencia directa de la gravedad terrestre. Ya Newton nos lo advirtió. Nos lo explicó. Pero ya lo sabía todo el mundo. Es que muchas veces sabemos las cosas sin saber por qué son como son. Pero vaya si se sabía.

Como sabemos que el agua corre hacia abajo. Que llueve de arriba abajo. Y que todo lo que sube baja. Entonces ¿por qué tenía que ser de otra manera con el conocimiento y la sabiduría? ¿Es que el conocimiento es algún tipo de gas más ligero que el aire? ¿Es el conocimiento helio?

Pues no señor, pareciera que la dirección natural del conocimiento es justo esa, la determinada por las fuerzas gravitatorias. O quizá son otras fuerzas. Sí. Seguro que son otras, pero con una realidad visible por quien tenga ojos en la cara. El de arriba dice al de abajo las cosas. El de arriba sabe porque por algo está arriba y no está abajo como el que está abajo, que a su vez, si está abajo por algo será.

Este tipo de pensamiento primario y lógica aplastante es el que todavía funciona en la mayoría de organizaciones.

Muchas veces -bastantes- hemos visto como nada más ascender, escalar o subir en el escalafón, un halo de sabiduría rodea cual aro santífico al trepador. Pasa de no saber a saber en cero coma…

Esto ha sido así y todavía en cierta medida sigue siéndolo, y así nos va. Porque vemos cuál es la forma del organigrama de nuestras organizaciones. Se asemejan a la pirámide de Guiza, y muchas veces no sólo por la forma piramidal triangular, sino también por el tamaño mastodóntico y los pasillos y las cámaras secretas todavía por descubrir y explorar.

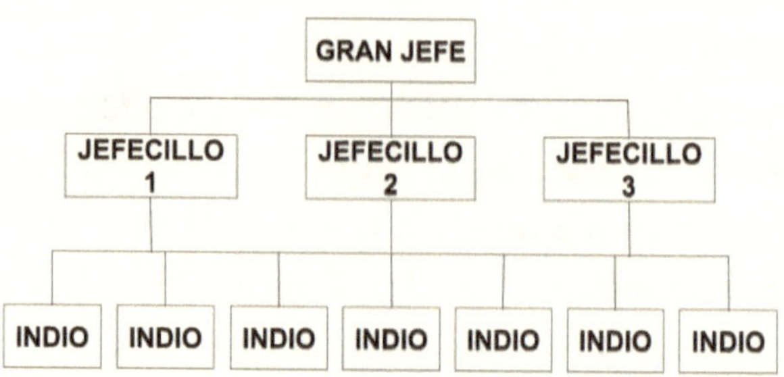

La pregunta que nos hacemos, ya que estamos, concerniente al conocimiento dentro de estas organizaciones es ¿cómo fluye esto -el conocimiento- dentro de esas estructuras pétreas similares a una de las siete maravillas del mundo antiguo?

¡En cascada! La información tiende a adoptar la forma de la estructura sobre la que descansa. Esto es casi un hecho físico si nos ponemos a pensar en grandes edificios sedes de grandes multinacionales.

El efecto *cascada* no es desdeñable ni hay que menospreciarlo. Es eficiente en caso de disponer de una fuente de conocimiento inagotable en el vértice superior, en la cúspide.

¿Es este nuestro caso? ¿Tenemos las fuentes del Nilo sobre nuestras cabezas y ni siquiera lo sospechábamos hasta este momento? O siguiendo con la metáfora acuática, ¿la pertinaz sequía ha secado las fuentes, se han agotado, se han exprimido y ya nada fluye hacia abajo?

No hace falta ir muy lejos para ver fenómenos de este tipo. Organizaciones que en su momento fueron punteras por su valor añadido ya no saben, ni pueden, ni siquiera fingen querer transformarse por su voluntad de mantener un mercado cautivo por otros medios -muchas veces espurios y monopolísticos- aunque simplemente dura lo que dura porque ya no hay más futuro que el inevitable derrumbe.

Por lo tanto, si una organización quiere perdurar, mantenerse a flote y adaptarse a los tiempos cambiantes deberá transformarse en una organización más horizontal, menos vertical, para que el verdadero maná de nuestros tiempos -¿Quizá ha sido así siempre, pero ahora va más deprisa?- es el conocimiento compartido. El flujo del conocimiento compartido. El núcleo de nuestra propuesta.

Nosotros proponemos hacer un diagnóstico del flujo del conocimiento dentro de la organización. Proponemos representar gráficamente el organigrama y los hilos conductores que unen los departamentos, sus interacciones, sus métodos y la dirección efectiva de los vectores existentes.

Nosotros proponemos transitar la red diseñada utilizando una serie de herramientas de acción comunicativa que transformen profundamente la cultura organizativa, para que compartir el conocimiento sea la norma, la costumbre. Dicho de otra manera: cómo estamos, cómo queremos estar y cómo hacemos la transformación.

25

Tipos de aprendizaje

UM
Bien, digan qué han captado.
En una palabra, conocimiento.
!!
°+)
?+
Es que es imposible no comunicar.

Así como Watzlawick perspicazmente nos decía en su primer axioma de la Teoría de la Comunicación Humana que *es imposible no comunicar*, podríamos paralelamente afirmar que es imposible no aprender.

Lo cual es una suerte, porque nos facilita mucho las cosas en nuestro objetivo de conseguir un conocimiento fluido.

Es imposible no aprender ya que aprendemos sin darnos cuenta desde que nacemos. La capacidad de aprendizaje es algo innato. Está en nuestro ADN.

Aprendemos a hablar con facilidad desde nuestra más tierna infancia. Luego ya cuesta más. Hace ya varios siglos Fernández de Moratín -el padre- se asombraba de los niños franceses que aprendían a hablar perfectamente sin dificultad.

Para hablar en gabacho
un fidalgo en Portugal,
llega a viejo y lo habla mal,
y aquí lo parla un muchacho

Un conocido nuestro dedicado a la enseñanza comentaba a todo el que quisiera escucharlo que tras varias décadas en el oficio había llegado a la conclusión de que los niños aprenden a pesar de los maestros.

ES
IMPOSIBLE
NO
COMUNICAR.
WATZLAWICK

Nuestro amigo afirmaba con rotundidad que lejos de dejar mal al oficio de educador lo hacía más relevante. Debía de esforzarse para no colocar obstáculos innecesarios a ese proceso natural. Se tenía que ocupar de ofrecer un hábitat, un entorno adecuado y unas condiciones idóneas para que se desarrollara por sí mismo. Cuestión que no era baladí, añadía, con los actuales programas educativos ministeriales, programas de mínimos impuestos por supuestos expertos en la materia. La materia del café para todos. Pues mira, a pesar de todo aprenden.

Esto es importante saberlo. Estamos hechos para ello. Tenemos un cerebro hiperdesarrollado. Somos unos cabezones -unos más que otros, para qué negarlo- aun cuando en ocasiones el perímetro craneal no vaya acompañado por una inteligencia en consonancia, sino por una mayor capacidad de embestir, tal como el poeta Antonio Machado se encargó de recordarnos antes de la Guerra Civil.

Disponemos de variadas teorías de aprendizaje que nos dibujan paisajes coloridos según el gusto del experto de turno, que intentan explicarnos cómo funciona el cerebro en todo este procedimiento. La verdad sea dicha, en nuestra opinión todavía estamos lejos de explicar cuáles son los mecanismos cerebrales exactos y detallados que intervienen, pero nos pueden servir como hoja de ruta.

Es crucial plantearnos cuáles son los tipos de aprendizaje existentes en las organizaciones. Porque, inicialmente, es indispensable ser conscientes del camino que recorren las informaciones y los conocimientos, es decir, el desde dónde y hacia dónde y qué vía recorren según la red de contactos y, por otra parte, el cómo se reciben y se captan, cómo se interiorizan y cómo se aprenden.

¿Manda el mando y se subordina el subordinado? ¿Enseña el mando y aprende el mandado? ¿Sabe mucho el mando y no hay quien le enseñe? ¿Quiere aprender el de abajo? ¿Se junta el veterano con el novato para según qué? ¿El veterano hace y el novato observa? ¿El novato hace y el veterano corrige? ¿El veterano hace y el novato propone? ¿Operan a la vez o se reparten el trabajo y colaboran amigablemente? ¿Se juntan o se separan? En definitiva, ¿es un aprendizaje vicario, por imitación?, ¿o sólo observacional? ¿Es cooperativo o competitivo? ¿colaborativo o competitivo? ¿o inexistente? No, eso no, ¿no habíamos quedado que era imposible no aprender? Son muchas las preguntas en busca de respuestas.

Nosotros proponemos identificar los procesos y modos de aprendizaje existentes en las organizaciones para así poder posteriormente mejorarlos mediante enfoques específicos.

Sabemos que las organizaciones están preocupadas hace tiempo por este tema. Ya en los gremios de artesanos de los burgos medievales se preocupaban de regular el aprendizaje. Ellos distinguían entre maestros, oficiales y aprendices, según la veteranía y la habilidad adquirida en el oficio.

En la actualidad las corrientes principales para la mejora organizacional han sido los programas de formación continua y los programas de calidad total implantados en numerosas organizaciones. Existe toda una industria especializada en la ayuda, en la mejora y en la asesoría. Algo de ello, bastante, mucho, hemos conocido por nuestra parte. Cada equis tiempo nos ha tocado a todos reciclarnos, repensarnos, reinventarnos, reestructurarnos. Hemos de admitir que con desigual desempeño y resultado.

En contadas excepciones hemos vistas cumplidas nuestras mejores expectativas. La mayoría de las ocasiones, demasiadas veces, nos hemos encontrado con una soberana pérdida de tiempo, esa sustancia desconocida que se dilata o contrae según nuestro estado de ánimo.

¿Por qué? Sin duda, por el erróneo planteamiento de dichas actividades: por su diseño uniforme –igual para todos-, por su inclinación vertical –de arriba abajo-, por su inflexible corsé –a medida del escaso presupuesto-, por su nula practicidad –demasiado teórica y alejada de la realidad cotidiana-, por el marketing asociado –dando prioridad a la publicidad de títulos, certificaciones, medallas y distintivos- y por otros motivos que ahora mismo no se nos ocurren a nosotros pero que tú bien sabes.

Nosotros te proponemos otra manera, creemos que bastante distinta, de abordar la cuestión. Acércate. Si tienes esa clase de hambre por el conocimiento, tan sólo necesitas una red para pescar.

El pescado está en la red

EL PESCADO
ESTÁ
EN LA RED.
PAPERBAGE

Como pensamos que hemos expresado con claridad nuestra preferencia por la posición horizontal y nuestro más rotundo rechazo a las pirámides egipcias, el siguiente paso, lógicamente, tiene que ser explicar la horizontalidad, es decir, cómo concebimos las relaciones comunicativas despojadas de toda jerarquía distorsionadora.

Y nuestra respuesta es la red. Una red diseñada para facilitar el flujo del conocimiento entre todos los miembros de la organización.

Por supuesto, esta red que proponemos puede coexistir perfectamente con otros organigramas pensados y utilizados para otras funciones.

Vive y deja vivir. No vamos a destruir o a derribar a los altos cargos ni despojar a los jefes de sus funciones, sino que vamos a diseñar un ecosistema, una red paralela, con sus propias reglas y normas, como una instalación independiente de conductos y tuberías de agua caliente o de aire acondicionado dentro de un edificio que sólo atiende las leyes de la dinámica de fluidos o las de la dispersión de los gases.

Aunque no negaremos que, obviamente, esta nueva instalación puede incidir y modificar las estructuras previas para adecuarlas a un mejor funcionamiento.

¿Cómo configurar la red interna de la organización? Nuestra respuesta es que para hablar acerca de redes empezaremos con Euler.

Euler fue un matemático suizo del siglo XVIII que hizo muchas contribuciones a la ciencia. Entre todas ellas destaca la fórmula denominada identidad de Euler, esa que engloba a todos los números trascendentes en una suma de resultado cero.

$$e^{i\pi} + 1 = 0$$

La llamada Identidad de Euler relaciona 5 números muy utilizados en matemáticas. Todo un logro a la altura de un genio como él.

Una fórmula de profundo significado y, seguramente, todavía desconocido alcance.

Seguramente menos conocida pero más útil en nuestro caso, también Euler -no paraba aquel hombre- desarrolló la teoría de grafos, la cual nos proporciona las herramientas adecuadas para explicar qué entendemos nosotros por una organización dotada de una red bien diseñada, conectada y mejor preparada para compartir el conocimiento.

Euler se enfrentó a un problema que seguramente interesará mucho a los repartidores de paquetería tan abundantes en nuestros tiempos amazónicos.

Enunció y resolvió el famoso -sí, famoso y conocido, aunque tú no lo supieras, no todo gira a tu alrededor- problema de la ciudad de Konigsberg (actual Kaliningrado) y sus siete puentes.

Bueno, puede que exageremos la notoriedad de este hombre, que aparte de ser muy conocido por los matemáticos a los demás nos suena por los conjuntos de Euler Venn, que ahora mismo sin mirarlo en la Wikipedia no sabríamos deciros si lo de Venn era su segundo apellido o el nombre de un colaborador.

Después de mirarlo comprobamos que no eran compatriotas -pues Venn, con dos *n-s* era inglés- ni siquiera eran contemporáneos -Venn vino más tarde-.

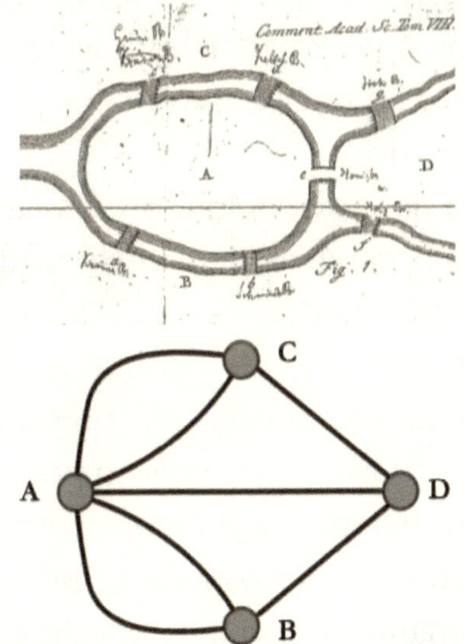

Plano original de la ciudad de Konigsberg utilizado por Euler en su demostración.

Debajo el grafo correspondiente, en el cual el nodo A y D representan las dos islas, el nodo C la orilla del norte y el B la del sur; las aristas, por su parte, serían los 7 puentes que unían los diferentes espacios de la ciudad.

Euler, en su búsqueda del camino más corto, demostró que no era posible recorrer todos los puentes pasando una sola vez por todos ellos. De paso fundó la teoría de grafos. Seguramente no se podía imaginar paseando por aquellos puentes que todas aquellas ocurrencias suyas tendrían el éxito que están teniendo ahora para el estudio de las redes. Nunca se sabe ni se puede estar seguro casi de nada. Perdón, menos en las matemáticas, donde todo es exacto y demostrable.

Veamos cómo se portan esta vez las matemáticas. Veamos si sirven para aclararnos u organizarnos mejor. Vamos a marcamos una explicación lo más breve posible, por lo tanto dos veces buena, del tema en cuestión, con ilustraciones para que lo entendáis mejor sin aburriros con tanta letra.

La teoría de grafos usa aristas y vértices. Los vértices son los puntos o nodos de la red. Las aristas son las líneas que conectan dichos nodos -los puntos gordos, para los despistados.

Los nodos según la orientación de las aristas pueden ser fuente -proporcionan algo a otro nodo- o pozo -reciben algo de otro nodo.

(Abrimos paréntesis. Quienes contamos con cierta edad -sin entrar en detalle en precisiones numéricas- cuando oímos la palabra *nodo* no podemos evitar escuchar una música de fondo, con trompetas y timbales, a la vez que recordamos a un señor bajito con bigote y fajín asomándose a una barandilla de un pantano. Cerramos paréntesis)

Seguimos. Se puede restar el índice de pozo al de fuente para determinar el índice de contribución de cada nodo. De tal manera, tendremos nodos positivos o negativos, según su contribución en la red.

Los nodos con varias aristas de diversa procedencia forman multigrafos que, dicho sea de paso, para los objetivos que nos proponemos, sería un signo de calidad directamente proporcional al número. Incluso las aristas duplicadas entre dos nodos pueden ser indicadores de calidad, al demostrar distintas vías de conexión entre dos nodos.

En esta teoría matemática se denomina *camino* al trayecto entre dos nodos, incluso pasando a través de otros nodos. Por eso se consideran los siguientes tipos de grafos según el número de conexiones directas o caminos indirectos -con nodos intermedios:

Un grafo es conexo si existe una conexión directa o por lo menos un *camino* (a través de otros nodos) entre cualesquiera nodos.

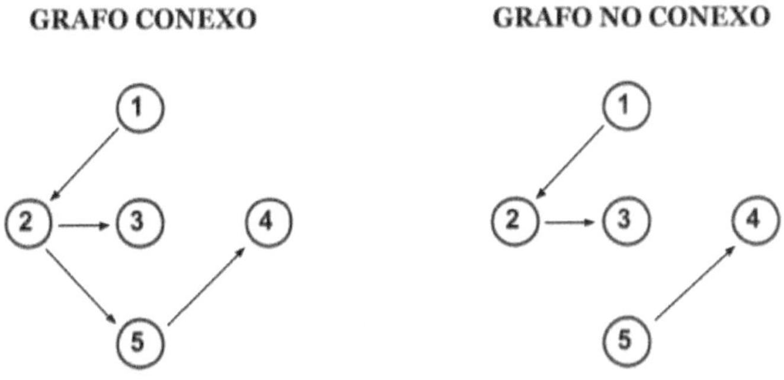

GRAFO CONEXO   **GRAFO NO CONEXO**

En el grafo conexo hay un camino de conexión entre todos los nodos, incluso del nodo 1 al nodo 5 (pasando por los nodos intermedios 2 y 5). Por el contrario, en el grafo no conexo, los nodos 4 y 5 estan totalmente desconectados de los nodos 1, 2 y 3.

Un grafo es completo cuando existen conexiones directas entre todos los nodos. Un grafo es fuertemente conexo cuando existen al menos dos *caminos* diferentes entre cualesquiera nodos.

GRAFO FUERTEMENTE CONEXO

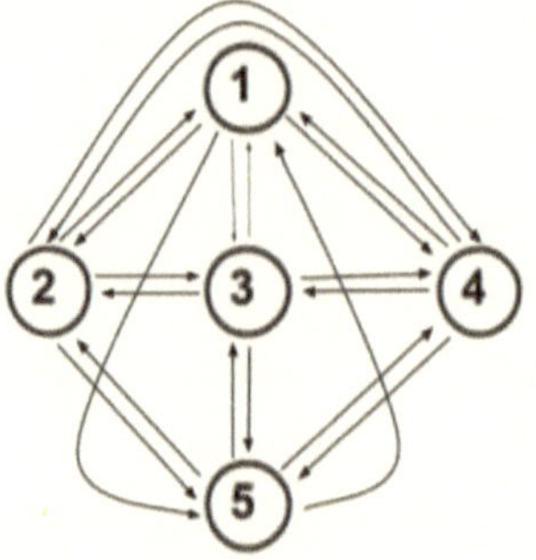

En el grafo fuertemente conexo todos los nodos están conectados directamente entre sí, sin nodos intermedios, en al menos dos formas y direcciones.

Otro concepto pertinente es el diámetro de la red, que es la distancia entre dos nodos, es decir, la menor cantidad de aristas o líneas en el *camino* entre dos nodos. Se puede obtener el diámetro promedio de una red con el promedio de las distancias entre los nodos.

Ese indicador refleja la complejidad de una red. Un promedio bajo indica la cercanía y el alto valor de conocimiento compartido. Un promedio alto puede indicar gran extensión o complejidad de la red.

UNA RED DE
CONOCIMIENTO
COMPARTIDO
ES UN GRAFO
COMPLETO Y
FUERTEMENTE
CONEXO.
PAPERBAGE

El grafo se puede interpretar positiva o negativamente según las circunstancias. El análisis de la red social mediante grafos verifica la posición, centralidad e importancia de cada nodo (actor social o conocimiento que se defina como tal nodo) dentro de la red. Nos enseña la estructura de poder, los vínculos, su orientación, la intensidad y la forma y dirección de transmisión del conocimiento, de la información o, algunas veces, los centros de poder. Entre otras muchas cosas.

Las aristas tienen una orientación mono o bidireccional y su morfología es muy importante. Hay que analizarlo sobre el terreno, es *el cómo* entre los nodos. Los nodos hay que definirlos bien, es decir, qué representa cada nodo. Todo esto se puede representar gráficamente, o mediante matrices y listas.

Nosotros proponemos que la red debe estar formada por un grafo completo y fuertemente conexo. Es decir, que todos y cada uno de los nodos o vértices del grafo deben estar conectados con todos los demás, a ser posible, por medio de dos aristas por lo menos.

Los nodos pueden representar personas, lugares -pizarras, foros-, libros, ... Por su parte, las aristas pueden representar diferentes modos de interactuar y comunicar, hablar, escribir, escuchar, dejar un mensaje, un archivo, un vídeo…

Esa es, en síntesis, la red donde se recoge el pescado, donde se corta el bacalao.

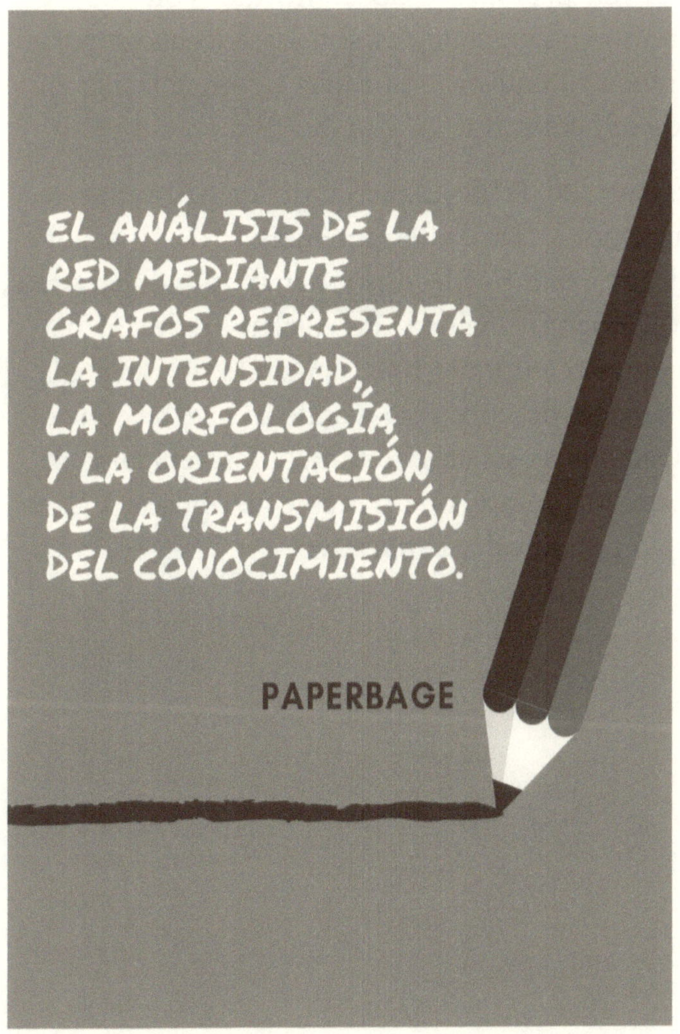
EL ANÁLISIS DE LA
RED MEDIANTE
GRAFOS REPRESENTA
LA INTENSIDAD,
LA MORFOLOGÍA
Y LA ORIENTACIÓN
DE LA TRANSMISIÓN
DEL CONOCIMIENTO.

PAPERBAGE

El desarrollo y el crecimiento de LA RED será nuestro objetivo fundamental. Para ello vamos a detallar los pasos que puedes dar para que construyas tu propia red personal, y no conformes con ello, te explicaremos qué estrategias son las adecuadas para que también tu entorno sea capaz de organizarse en forma de red colectiva.

Después de la descripción de dichas redes te presentaremos las herramientas de acción comunicativa que puedes disponer y utilizar para el desenvolvimiento exitoso de dichas redes. Unas herramientas o enfoques que, siguiendo una analogía con otra red -la de carreteras- vendrían a ser su código de circulación, las señales de tráfico, los vehículos de transporte, los horarios de trenes y autobuses. Valga el ejemplo por su valor explicativo.

45

PLENK

Todos hemos conocido algún colega de profesión totalmente desvinculado de su campo profesional. Personas que trabajan en lo suyo como siempre se ha hecho, con nula flexibilidad y cero adaptabilidad a las mejoras o cambios que se dan en su propio ámbito. Son personas desmotivadas en ocasiones, demasiado rígidas muchas veces, inseguras o temerosas ante el futuro. Otras veces simplemente son indolentes y no quieren hacer el esfuerzo. Total ¿para qué? ¿Es que les va a suponer algún cambio personal? ¿Es que eso se valora tangiblemente -en dinero o en especie- en su empresa? ¿Vale la pena el esfuerzo?

Estamos entrando en el terreno desconocido que más tarde denominaremos enfoque atributivo. Dejémoslo para más tarde. Si te reconcome la curiosidad puedes avanzar mirando en el índice, que para algo está.

Como decíamos hay gente que no se preocupa de su formación, la cual tal como van los tiempos, más que nunca, debería ser continua.

Por muy bien diseñada que esté la red de la organización si algunos nodos -los puntos gordos correspondientes a los más vagos- no aportan nada nuevo y son un pozo o sumidero de índice negativo, mal apañados estamos.

Un recordatorio. Para aclarar cualquier duda o profundizar en los conceptos que estamos utilizando puedes consultar la bibliografía que está al final del libro. No está de sobra.

Necesitamos un ecosistema en el que personas motivadas estén por la labor de aportar y compartir conocimiento fresco que enriquezca la red plural, ávida de sangre nueva como un vampiro transilvano.

Describamos al personal motivado por su formación continua. Para ello nos vienen al pelo los siguientes conceptos: PLE (Personal Learning Environment), PLN (Personal Learning Network) y PLENK (Personal Learning Environments Networks and Knowledge).

Vayamos por partes. Este tipo de persona es una persona que se responsabiliza de sí misma en varios aspectos que hasta la fecha más bien habían sido responsabilidad de la organización.

Hasta hace nada las organizaciones diseñaban verticalmente, de arriba abajo, los planes de formación convenientemente alineados con los objetivos también propuestos desde -otra vez- arriba.

Lo que pasa ahora es que ese conocimiento dirigido desde arriba y recibido por los de abajo es un conocimiento que en gran medida no necesita ser compartido, por causa del -otra vez- café para todos -con algunas variantes de leche e infusiones, todo hay que decirlo. Que no decimos que esté mal, no. Pero igual nos pasamos con las tazas de café y sucedáneos y lo que necesitamos urgentemente son otras opciones. Más variedad en la carta, por favor.

Ahora se trata de compartir el conocimiento plural y diverso, ya llevamos rato diciendo que la red es plural y por eso mismo necesitamos gente que sea capaz de autoorganizar su propia formación. Gente que se responsabilice de ponerse al día en su campo.

Gente que esté actualizada, no obsoleta como el secador de pelo -lo de la obsolescencia programada no se aplica sólo a los electrodomésticos, no. Gente dispuesta a compartir lo que capta, recibe y aprende en su red personal. Gente dispuesta a compartir su propia red personal.

Vamos con los acrónimos anteriores. El primero es el entorno personal de aprendizaje (PLE), el segundo la red personal de aprendizaje (PLN) y el tercero (PLENK) entornos de aprendizaje personal, redes y conocimiento, o algo así -que nos corrijan las traducciones quienes sepan afinar más- una especie de híbrido de los dos anteriores.

Si bien en un inicio se utilizaron para entornos educativos infantiles hoy podemos ampliar su campo de actuación a cualquier tipo de aprendiz.

Este tipo de gente -aprendiz- responsable puede tener su red virtual -páginas web especializadas, foros de colegas, revistas científicas, puntos de encuentro nacionales e internacionales, cursos online…- y su red física -charlas, cursos presenciales, encuentros, congresos…- y puede compartirlo.

Por supuesto, esto debe ser recompensado de alguna manera. Esto es posible exclusivamente en un entorno que lo facilita, impulsa, valora y premia.

EL APRENDIZAJE EN RED
ES FLEXIBLE,
ADAPTATIVO,
PERSONALIZADO,
REFLEXIVO,
AUTOMOTIVADO Y
AUTOORGANIZADO.

PAPERBAGE

Explicitar la red tejida, en cierta medida, es como desnudarse. Explicar los procedimientos, los espacios encontrados y los contenidos novedosos a quien está interesado no es moco de pavo. Este tipo de aprendizaje además por su tinte auto-organizado es flexible, adaptativo, centrado en las características personales *-customizado*, personalizado- e invita a la reflexión y a la automotivación.

Espacios dedicados

Otra píldora nostálgica. ¿Quién recuerda aquellos programas radiofónicos en los que llamabas y podías dedicar un tema, una canción, a tu madre, a tu novia o al sursum corda?

¡Qué tiempos aquellos en los que se sucedían un bolero para la abuela, una de ACDC para el heavy, seguidas de alguna folklórica y Demis Roussos! Era la sección de los discos dedicados. Nos reunían junto al aparato de radio, a veces coincidía con la comida o la sobremesa, pues en algunas emisoras era lo que había después del Ángelus; en otras era por la tarde, justo antes del Santo Rosario. Estábamos rodeados por los eventos religiosos. Nosotros aprovechábamos para grabarnos en cassette las que nos gustaban. Aquellos cassettes mal grabados en los que se colaba la voz del locutor pisando el inicio de tu canción preferida, pero a ti te daba igual porque era tu recopilación -tu popurrí- y la escuchabas hasta que te la sabías de memoria.

Todo esto viene a cuento debido a que hemos hecho una asociación de palabras entre el siguiente punto, *los espacios*, y los discos dedicados.

Dejemos la nostalgia para otro rato una vez que nos ha hecho el servicio de introducir apropiadamente el tema.

Nosotros proponemos establecer espacios de convergencia, de confluencia, de unión y de encuentro.

Por supuesto acabamos de consultar una página web de sinónimos que nos ha ayudado a alargar la lista de sustantivos. Nos vienen bien, puesto que todos añaden diferentes matices, dentro del similar significado, y nos dan más pistas en relación con lo que estamos proponiendo. Les llamamos espacios dedicados. ¿Dedicados a qué o a quién?

Siemens nos enseña que los espacios son en sí mismos agentes del cambio ya que los cambios en los espacios cambian los procedimientos.

Además los espacios se pueden convertir en nodos -puntos muy gordos- que nos ayudan a configurar la red que estamos diseñando.

Sabemos que no es lo mismo colocar las mesas en una sola dirección, en forma de *U* o en círculo. No es lo mismo. Esto, el reparto del mobiliario, que sería lo más evidente, es tan sólo una pequeña muestra de lo que estamos diciendo. Nosotros vamos mucho más lejos. No nos limitamos a la geografía o a la ergonomía del mobiliario, por favor.

La variedad de espacios dedicados posible es ilimitada. Bueno, nos hemos entusiasmado, en realidad es limitada. Limitada a lo que se nos pueda ocurrir entre todos y que convenga al objetivo de tejer la red. Digamos que pueden ser virtuales -una lista de correo, un grupo de whatsapp, una página de Facebook, google drive, un foro especializado...- o físicas, es decir, con metros cuadrados en el espacio-tiempo -una sala de lectura, un muro con pizarra, un salón de actos, una simple habitación. Pueden ser objetos -un libro de cualquier tipo, una mesa....

LOS ESPACIOS
SON
EN SÍ MISMOS
AGENTES
DEL CAMBIO

SIEMENS

Pueden ser espacios dedicados estructurados convenientemente para innovación, para formación o autoformación. Pueden ser creados centralizadamente o distribuidos, o autocreados espontáneamente y libremente. Lo más importante es que puedan ser. En la medida que puedan ser la red también lo será. Será plural. Habrá pescado. Atún. Sardina. Jurel. Anchoa. Besugo -tiene que haber de todo. Salmón. Un poco de todo.

¿Son todas las reuniones la misma?

¿SON TODAS
LAS REUNIONES
LA MISMA...?
PAPERBAGE

¡Qué puto rollo! A ver si me coloco al fondo y puedo echar una al Clas Royal.
Sí, hombre, sí, lo que tú digas.
... y recuerden ser puntuales para la reunión de esta tarde. El trabajo cooperativo impulsa las sinergias imprescindibles para las organizaciones del futuro que ya hoy son una realidad...
Tengo que preparar algo para epatar al jefe, a ver qué chorrada se me ocurre.

Puede que todas las reuniones en las que hayas participado hayan sido la misma -incluso podríamos poner puntos suspensivos después de *misma*… y que cada uno añada lo que escatológicamente proceda-, puede que tan sólo hayas cambiado de lugar, esa reunión haya tenido algunas interrupciones, algunos participantes hayan cambiado, pero a ti te parece que sigues estando en la misma reunión, desde aquella primera vez que te reuniste.

Y la razón es que tú más o menos siempre haces lo mismo en todas las reuniones que, por supuesto, no son la misma pero se asemejan mucho. A veces como una gota de agua a otra.

¿Qué será lo que quiere el… jefe? Normalmente alguien del escalafón superior es quien convoca, decide el orden del día y, como los periodistas que confeccionan una portada con sus titulares cuidadosamente tendenciosos, bien elegidos para aleccionar al lector, de la misma manera, el jefe impregna desde el inicio hasta el final el curso que debe llevar la reunión.

A veces se dan el lujo de mostrar una fachada democrática dando a elegir diferentes opciones a los subalternos, dejando previamente bien clara su opinión para que quien quiera entender entienda y quien no sea capaz espabile.

Lo paradójico del tema se da cuando, en apariencia, sinceramente pretenden que aportes ideas o alternativas y no se dan cuenta que tú eres un capón bien capado, que ya no sabes ni quieres ni puedes.

Aunque por supuesto, en caso de que haya propuestas, ellos decidirán, pues por algo son quienes saben separar la paja del grano.

La topología de las reuniones habla por nosotros. Su geografía, o dónde nos ubicamos, si no se trata de entradas numeradas y no nos dan la opción. Lo variopinto de la fauna invita a elegir. Pequeños grupos de viejos dinosaurios, alegres grupillos de jóvenes cervatillos novatos, viejos lobos de mar solitarios, jóvenes trepas lamedores, hienas gregarias de la guardia de corps del jefe, herbívoros huidizos que pastan en las reuniones. Dime con quién te sientas y te diré quién eres. Cada uno y cada cual se identifica con su grupo, así es como el contacto endogámico se refuerza, se realimenta y se perpetúa.

Cada uno actúa desde su rol, el rol interiorizado durante largas horas de reuniones, un rol una y otra vez entrenado.

Algunos llevan siempre la voz cantante, siempre opinan, muchas veces pontifican, exigen ser escuchados y dictan la línea a seguir.

¿Qué les pasa? ¿Es que creen que todas las reuniones son asamblearias? ¿Necesitan ser escuchados?

Quienes por la edad o por el lugar de nacimiento procedemos de un espacio-tiempo predemocrático recordamos con añoranza aquellas asambleas, ruidosas reuniones, en las que se debatía apasionadamente y se votaba casi todo. Se diría que algunos, quizá por su pasado, se sienten impelidos a opinar con respecto a todo y a dejar clara su postura. Son una suerte de portavoces muchas veces alineados con el poder, a veces en la oposición al poder, pero casi siempre bastante dogmáticos y tendentes a marcar caminos preestablecidos, que llevan al grupo a una disyuntiva entre blanco y negro, a una simplificación de los temas en cuestión.

Otros no dicen ni mu, callan y otorgan, siguen a los autoproclamados portavoces en su arenga, bien porque no tengan opinión propia, bien porque en ocasiones coincidan, bien porque no se atrevan a contradecirles, bien porque prefieran no enfrentarse, bien por comodidad. Total, ¿para qué?

Nosotros proponemos que las reuniones formales estén estructuradas. Que tengan un objetivo fijado, claro, conocido. De antemano. Que según el objetivo se aplique una forma de hacer diferente.

Y para ello proponemos diferentes enfoques. Enfoques que faciliten la acción comunicativa, y así poder compartir el conocimiento de todos los participantes, los cuales aportarán cada uno desde el rol que le corresponda.

El enfoque

El enfoque es la clave de las reuniones. Definamos reunión. Digamos que es cualquier aglomeración de gente, siempre que su número sea de dos o más personas. Sea cual fuere el propósito. Expresado con amplitud y sin restricciones.

Por otra parte, cuando hablamos de enfoque podemos referirnos a estar concentrados, enfocados, es decir, a estar con toda la energía necesaria, con la atención necesaria para cumplir nuestro objetivo. La medida en la que nos involucramos.

O podemos referirnos al punto de vista, al lugar donde nos colocamos para mirar y abordar un tema, a la perspectiva que adoptamos.

Ambos significados son, sin duda, complementarios para la cuestión que nos ocupa.

Nosotros proponemos utilizar enfoques adecuados a los objetivos propuestos. Los diferentes enfoques que proponemos son unas herramientas de acción comunicativa que nos ayudarán a mejorar dicha comunicación. Porque todas las reuniones no son la misma.

Por una parte tenemos la labor y la responsabilidad de quien organiza la reunión, el conciliábulo, la tertulia, el cotilleo, el *dimetúquesabes*.

Desde antiguo sabemos -antes de que empezara este frenesí de mejoras organizacionales- que la previa preparación ayuda a la consecución de los objetivos. Tres viejos conocidos para todos: primero, tener un orden del día previamente conocido, con la suficiente antelación, por todos los participantes; segundo, una moderación adecuada conducente al objetivo propuesto que evite inútiles desvíos; y tercero, un acta final que resuma las conclusiones.

Todo esto, que era lo que nos parecía ideal y que muchas veces -¿la mayoría?- no cumplíamos, se revela totalmente insuficiente desde nuestro punto de vista.

Aceptémoslo. Somos una nulidad en esto de las reuniones. Somos un cero a la izquierda.

Por una parte la preparación del orden del día de las reuniones. Hay muchas reuniones en las que, siendo amables, quien preparó el *desorden* del día no estaba muy inspirado. Otras en las que no hay tal, ni orden ni concierto, y las avecillas silvestres -los llamados a la reunión- no saben si acuden como comensales o como parte del menú.

Qué menos que tener cierto sentido y estar guiado por el sentido común -si nos faltara es algo que todavía no tiene remedio- y que todos los participantes lo reciban en tiempo y forma de manera que puedan preparar sus posibles intervenciones.

Porque de eso se trata, ¿no? También los convocados deben hacer los deberes previos. También les compete. Claro que sí.

Es cierto, tendemos a la desidia en algunos aspectos. Cuando no vemos la practicidad, cuando opinamos que algo es una pérdida de tiempo, entonces nos decimos, una voz interior nos dice: ¿Qué estamos haciendo perdiendo el tiempo?

LA CLAVE DE LAS
REUNIONES ES
UTILIZAR
EL ENFOQUE
ADECUADO
A LOS OBJETIVOS
PROPUESTOS.

PAPERBAGE

El acta no se escribe, o sí, pero luego no se lee. O sí, pero nadie lo escucha. O sí se escucha, pero cuando se observan deficiencias, acuerdos incumplidos, plazos atrasados respecto a lo previsto por escrito… nada ocurre.

Nosotros proponemos valorar en positivo el cumplimiento de las actas y de sus resoluciones más que ignorar o castigar los incumplimientos. La filosofía de las atribuciones en positivo es nuestra amiga, el criterio más recomendable.

Claro que hay distintos tipos de reuniones, por lo menos media docena, arguyen los más versados y más hábiles mirando listas en internet.

Bien. ¿Y qué hacemos que no las aplicamos? Porque volvemos a repetirlo, todas las reuniones parecen la misma.

Nosotros proponemos diferentes roles más que tipos de reuniones cuando explicamos nuestros enfoques. Nos centramos en criterios y principios comunicativos adaptables y compatibles con otros planteamientos. Porque más que hablar de reuniones informativas, reuniones para la innovación, reuniones para el debate -que también- hablaremos de enfoques con roles predeterminados.

Cualquier reunión puede ser organizada atendiendo a un enfoque determinado que facilite la consecución del objetivo prefijado.

¡Es que es de cajón! ¡No sabemos por qué no se nos había ocurrido antes!

Pero si eso ya lo hacíamos -dirá el ingenuo del fondo- que todavía confunde el enfoque con el objetivo de la reunión. Que es como confundir el destino de un viaje con el modo en que viajamos.

Pero no corramos demasiado que nos asfixiamos. Vamos por pasos. ¿Qué entendemos por *rol*?

Aparte de ser un neologismo, más concretamente un galicismo, es decir, una palabra nueva de origen francés -valga la pedantería- puede entenderse de varias maneras.

Han pasado años desde que nos asaltaron sensacionalistas noticias sobre juegos de rol de adolescentes, trágicas noticias en las que jóvenes inmersos en roles fantásticos llegaban a cometer actos de violencia, enajenados por la trama en la que participaban, en una mezcla de episodios en los que no distinguían con claridad lo que era real o ficticio.

Aquellos jóvenes, podría decirse que casi abducidos por sus propios personajes, crearon una gran alarma social -¿O fueron los periodistas?- que con el transcurso del tiempo ha perdido gas y presencia en los medios de comunicación.

Hemos conocido otros roles más llevaderos o menos dramáticos. Los actores interpretan roles o papeles en sus obras. También ha sido usual el uso de roles en el aprendizaje de idiomas, sobre todo en los métodos basados en la comunicación.

Alguno nos dirá que le ha tocado en ocasiones cumplir el rol de yerno *bienquedas* en la cena de navidad, el de animador sociocultural con los sobrinos, el de abogado del diablo o el de aguafiestas, dependiendo de lo animado de su vida social y familiar.

Sobre esta cuestión también nos viene a la mente la cita ya clásica de Chaplin afirmando que *la vida es una obra de teatro en la que no se admiten ensayos*. Todos representamos diferentes roles en la vida, algunos casi simultáneamente. Somos hijos, padres, compañeros, amigos, enemigos, colegas… somos de todo y, matizando la cita de Chaplin… a lo mejor sí que ensayamos…. incluso delante del espejo, hablando a solas en voz alta preparando una charla que tendremos a posteriori.

Seguro que Chaplin daba otro sentido más amplio a lo de ensayar pero en lo que a nuestro tema respecta no nos cabe duda que preparamos, ensayamos, prevemos o, cuando menos, podemos hacerlo para mejorar en nuestros roles.

Todos esas acepciones del término *rol* nos ayudan a entender de qué vamos a hablar -de ahí el preámbulo- como punto de partida y vamos a desmenuzar a continuación qué entendemos por *enfoque* y *rol*, ambos conceptos unidos indefectible e inseparablemente en nuestra propuesta.

Enfoque dialógico

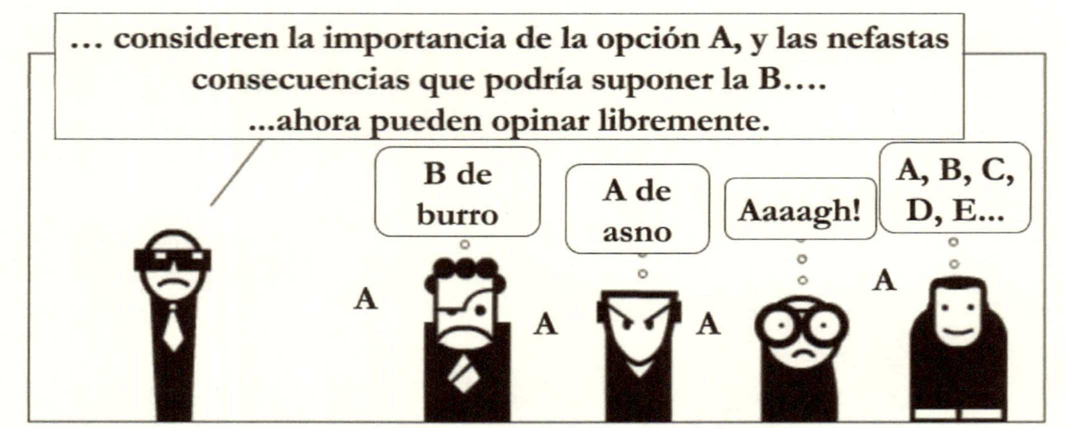

… consideren la importancia de la opción A, y las nefastas consecuencias que podría suponer la B….
...ahora pueden opinar libremente.
B de burro
A de asno
Aaaagh!
A, B, C, D, E...
A
A
A
A

Recordemos aquellos tiempos en los que se valoraba la democracia liberal occidental por su diversidad de opiniones. Recordemos cómo se denostaba el comunismo del bloque soviético poniendo como ejemplo de falta de libertad las unanimidades a la búlgara.

¿Cómo podían estar todos de acuerdo? Era imposible. No eran libres. Lo demostraba la falta de disensiones lógicas en las decisiones políticas.

Sin embargo, sin llegar a tales extremos, las últimas décadas estamos tendiendo a una suerte de unanimidad sospechosa, dictada por lo políticamente correcto. Es como si quisiéramos estar siempre todos de acuerdo. O hacer como si lo estuviéramos.

Ha llegado hasta tal punto que en algunos espinosos temas no se aceptan opiniones disidentes. Se llega a una semicaza de brujas moderna en la que se descalifica a quien se sale del camino marcado -muchas veces una estrecha vereda por la que hay que desfilar en fila india- de lo políticamente correcto.

El consenso es algo que a nosotros no nos preocupa mucho. A veces sí que nos puede preocupar -negativamente- lo que se impulsa en su nombre. Pero tampoco es que estemos en contra. Pero no es la idea central en torno a la cual pivota nuestra propuesta.

Si bien es cierto que incluso Habermas defiende el consenso como necesario para la comunicación nosotros pensamos que hay que limitarlo a momentos o fases determinados.

EL CONSENSO ESTÁ
SOBREVALORADO,
HAY QUE
CONSENSUAR
QUE HAYA
DISCREPANCIAS.

PAPERBAGE

Si no se circunscribe a determinadas fases, separadas consciente y deliberadamente, choca con el concepto de pluralidad. Y es partiendo de dicha pluralidad como hay que construir el consenso.

Del mismo modo que suele ser práctico llegar a acuerdos consensuados no debemos confundir la imposición desde el minuto uno con los acuerdos tomados después de explorar todas las posibilidades.

En todo caso el consenso en la comunicación tiene su lugar, nada despreciable, en los momentos deliberativos y decisorios.

Nosotros queremos hablar sobre la expresión en libertad, sin miedo al qué pensarán, al qué dirán. Divulgamos el diálogo libre como base de nuestra propuesta y como herramienta indispensable y polivalente como medio para llegar al conocimiento.

Desde la antigüedad clásica grandes nombres han utilizado el diálogo como instrumento indispensable para llegar al conocimiento.

Sócrates es un modelo de lo que decimos, incansable dialogador, aun a riesgo de molestar al personal, hasta su trágico final. Un modelo de lo que los antiguos griegos llamaban parresía.

Parresía era hablar libremente, con atrevimiento, era sentirse obligado a decir toda la verdad, honradamente, sin esconder partes en los recovecos de la mente. Sinceridad atrevida. Expresar nuestra verdad sin miedos ni cortapisas, en aras del bien común y sin miedo al riesgo personal.

Ahora nosotros proponemos que la verdad es mejor porque es peor, es decir, es más creíble, más verosímil, más cercano a todo lo humano, manifiestamente imperfecto por naturaleza.

Nos inclinamos a pensar que la verdad es más honrada, especialmente si viene acompañada por una ración de sana autocrítica. Sobre todo respecto a los mensajes dentro de la propia organización, puesto que la autocomplacencia generalmente nos perjudica.

Utilizando una referencia cinematográfica citaremos al Señor Lobo de *Pulp Fiction*, cuando el personaje protagonizado por Travolta asombrado por su eficacia al adecentar un coche totalmente ensangrentado es reprendido con la siguiente frase: *"Well, let's not start sucking each other's dicks just yet"*. Que para los que anden justitos de inglés vendría a ser algo como: *No echemos las campanas al vuelo*. O algo así.

Y sin embargo nos cortamos bastante, siempre pensando en qué van a pensar los demás, en las consecuencias que podría traernos esa actitud transparente. Y decimos lo que se espera que digamos.

En una organización en la que se practica la parresía a todo el mundo le parece bien que incluso quienes tienen una posición laboral más débil o están por debajo en el escalafón digan su verdad, nadie debería sorprenderse.

LA VERDAD
ES MEJOR
PORQUE ES
PEOR

Pero sin mirar tan lejos tenemos otros buenos precedentes en la última mitad del siglo XX. Tal como propone Habermas, todo conocimiento humano o toda verdad, es una acción comunicativa entre sujetos que se basa en compartir algunos supuestos mediante el lenguaje, consensuando unas pretensiones de validez.

Sin embargo en determinados entornos la comunicación es distorsionada a causa de diferentes elementos, cuando únicamente la razón puede ser el principio de una comunicación verdadera.

TODO CONOCIMIENTO HUMANO ES UNA ACCIÓN COMUNICATIVA ENTRE SUJETOS QUE SE BASA EN COMPARTIR ALGUNOS SUPUESTOS MEDIANTE EL LENGUAJE, CONSENSUANDO UNAS PRETENSIONES DE VALIDEZ.
HABERMAS

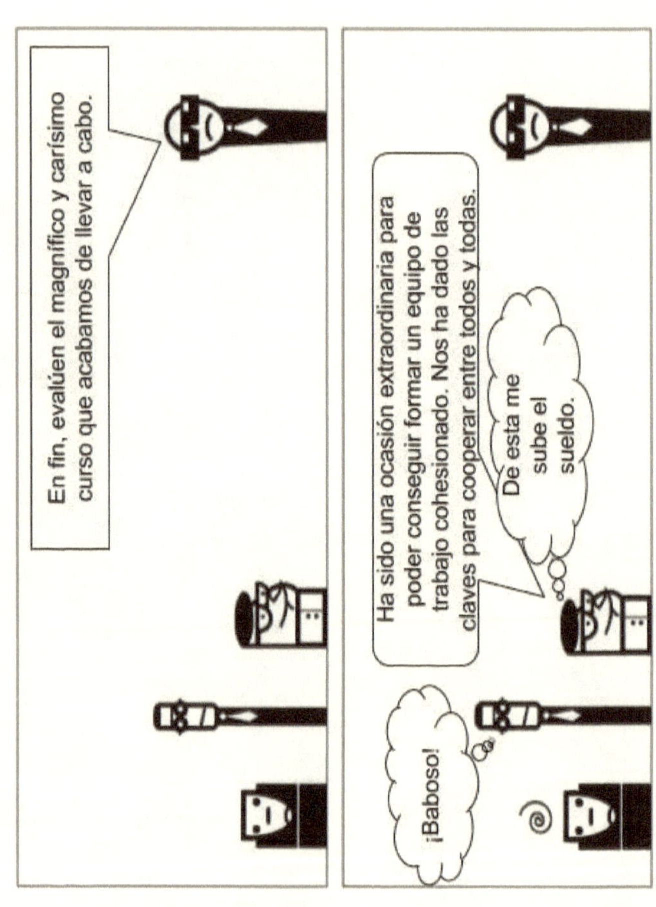
En fin, evalúen el magnífico y carísimo curso que acabamos de llevar a cabo.
Ha sido una ocasión extraordinaria para poder conseguir formar un equipo de trabajo cohesionado. Nos ha dado las claves para cooperar entre todos y todas.
De esta me sube el sueldo.
¡Baboso!

Totalmente de acuerdo. Un acierto, sin duda. Actividades como esta son las que nos hacen superarnos en el día a día.
Je, je, me adelanté.
La verdad es mejor porque es peor.
UM

En la mayoría de las organizaciones, diríamos que en todas, incluso en las más abiertas y progresistas, se dan situaciones en las que el discurso es de dominación, no de diálogo abierto franco, sino reprimido.

Y es así porque no se dan las condiciones propiciatorias ni se usan las herramientas que pueden evitarlo.

Por otra parte, en el mismo sentido, aportamos la visión del brasileño Paulo Freire, que con su pedagogía del oprimido se dio a conocer los últimos años del franquismo y con su mensaje hizo reflexionar a varias generaciones de maestros. Freire disentía de los constructores de campos de trabajo -o de exterminio- alemanes, en cuyo frontispicio se leía el conocido *el trabajo os hará libres*.

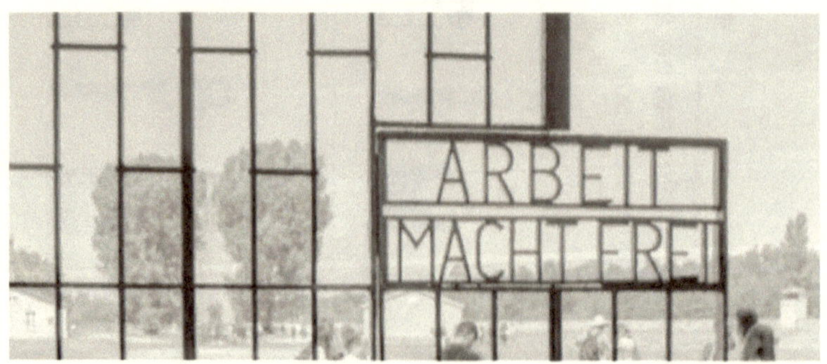

Verja de la puerta de entrada del campo de concentración de Sachsenhausen, con la frase en alemán, *Arbeit macht frei*.

Digamos que no estaba de acuerdo ni el fondo ni en las formas. Freire opinaba que la educación daba recursos al pobre y al oprimido para poder prosperar en la vida y romper el yugo bajo el que sufría. En otras palabras, la educación le hacía libre.

Entre otras muchas ideas que propugnaba, esa tuvo mucho éxito durante aquellos años. Pero la idea clave que Freire nos dio es la de que todos aprendemos mediante el diálogo, que no sólo aprende el alumno sino también el profesor. Eso sí que todavía puede resultar chocante, hay gente que no lo entiende en su justa medida e importancia. Que es mucha. Y de verdad.

En su teoría de acción dialógica postulaba que la comunicación dialógica es la naturaleza del ser humano y distinguía entre las verdaderamente dialógicas -las que impulsan el mutuo entendimiento- y las que no lo son porque niegan el diálogo y demuestran el poder de unos sobre otros distorsionando la comunicación.

LA COMUNICACIÓN DIALÓGICA
ES LA NATURALEZA DEL SER
HUMANO. HAY QUE DISTINGUIR
ENTRE LAS VERDADERAMENTE
DIALÓGICAS —LAS QUE
IMPULSAN EL MUTUO
ENTENDIMIENTO— Y LAS QUE NO
LO SON PORQUE NIEGAN EL
DIÁLOGO Y DEMUESTRAN EL
PODER DE UNOS SOBRE OTROS.

FREIRE

Los últimos años se han realizado bastantes avances en el uso del aprendizaje dialógico. Las comunidades de aprendizaje han surgido como setas -libremente abonadas- en diferentes contextos. Organizaciones que pretenden la transformación de sus procedimientos, ayuntamientos que fomentan la participación de sus conciudadanos... Todos ellos desde la libre participación.

Nosotros proponemos el enfoque dialógico como diálogo entre iguales, sin cortapisas, sin negaciones ni debates. Lo entendemos como suma e inclusión de todas las visiones y propuestas.

En este enfoque debemos asegurar que todos los participantes se sientan libres e interesados por participar. Todos los participantes deben saber de antemano que sus opiniones, sus aportaciones no caerán en saco roto. Todas y cada una de ellas serán tomadas en consideración en pie de igualdad.

El rol es participativo y aceptador de diversidad, es decir, todos sumamos, no llevamos la contraria a nadie, intentamos dejar de utilizar la palabra no.

Podemos decir ideas que en principio parezcan contrarias pero en positivo. La montaña es alta o la montaña es baja, porque cada uno explicará su visión de la cuestión desde su perspectiva vital.

Pero tampoco vamos a volvernos locos y preguntar todo a todo el mundo. Ojo. No nos entusiasmemos. Todo en su justa medida y en su momento oportuno.

Recordamos cómo en nuestra más tierna infancia uno de los primeros dichos que aprendimos fue *"un sitio para cada cosa y cada cosa en su sitio"*.

Confesamos con cierta vergüenza y pesar que todavía no sabemos si hemos aprobado con suficiencia aquella primera lección de parvulario como quizá el lector podrá apreciar incluso por nuestro desordenado y barroco estilo de escritura.

Si aplicáramos el sabio y práctico dicho a nuestros enfoques lo primero que habría que establecer es que cada uno de los enfoques tiene sus aplicaciones correspondientes -pese a que siempre estamos abiertos a propuestas que las aumenten o mejoren.

No hagamos como el borracho del chiste que buscaba las llaves que había perdido al abrir la puerta del portal de su casa junto a la farola del otro lado de la calle porque era el único lugar alumbrado. Es decir, no utilicemos el mismo enfoque para todos los problemas. No utilicemos siempre el martillo pensando que todos los problemas son clavos.

Si bien es cierto que hay enfoques polivalentes, casi tan polivalentes como la cinta americana -hemos de reconocer acerca de este objeto en particular que desde que descubrimos la diversidad de usos posible somos sus más ardientes defensores y no perdemos ocasión para utilizarlo ni, como ahora mismo, para comentarlo.

Por todo ello nosotros proponemos usar el enfoque dialógico cuando queramos escuchar la voz de todos, recoger una visión general y particular de todas las personas.

Es un enfoque a utilizar siempre que la pluralidad sea un valor añadido. Por ejemplo, al hacer el diagnóstico de la red existente; por ejemplo, al recoger las propuestas para el diseño de la red propuesta o, por ejemplo, para un *brainstorming* de esos tan guays.

Si se utiliza habrá que prever en cada caso cuál es el mejor procedimiento, aunque muy frecuentemente se utiliza la dinámica de pequeños grupos que poco a poco van convergiendo en el grupo general, con la inhibición de quienes detentan poder para que ninguna voz sea mediatizada ni distorsionada.

Algo así como un efecto cascada con antigravedad, es decir, justo lo inverso al efecto cascada de los procedimientos piramidales. Lo cual es lógico porque es justamente la visión opuesta.

Enfoque diverso

El equilibrio homeostático -característica importante de los sistemas abiertos que posteriormente trataremos en el enfoque sistémico- se usa en biología para hacer referencia a los niveles de fluidos y elementos bioquímicos que el cuerpo humano debe mantener dentro de determinados rangos fuera de los cuales salta la alarma.

Es lo que nos pasa durante y después de una noche loca. Tras la euforia nocturna que nos proporciona el alcohol llega la resaca matutina con sus arrepentimientos sinceros. Después del subidón viene el bajón. Tras una indigestión de diversidad y pluralidad viene el día después. Porque si a veces no nos aguantamos a nosotros mismos, ¿cómo voy a aguantar las chorradas de los demás?

En este punto es cuando nos viene a la mente la famosa sentencia de Sartre *el infierno son los otros*. Frase que aquí nos interesa como la dificultad de entender el punto de vista del prójimo.

Es que si partimos de la base de una red plural la consecuencia inmediata es la pluralidad de visiones de la realidad. Esa pluralidad de visiones se comparte y desde ahí emerge el conocimiento.

Así expresado queda bonito pero más de uno nos dirá: ¿Cómo se hace para conseguir entender lo que dice el prójimo? ¿Cómo hacer para que comprendan que es mejor lo que yo les digo?

Porque si cada uno da su visión la tendencia natural es la de querer defender nuestro castillo. Hasta que los demás nos den por imposibles y nos digan que para ti la perra gorda. Depende del carácter de cada persona, claro. Habrá quien enseguida te dará toda la razón y habrá quien no te la dé nunca.

Si además surge la competitividad en lugar de cooperar estamos más cerca de una guerra de guerrillas que de una red colaborativa.

Ya nos lo advirtió Watzlawick cuando dentro de las patologías de la comunicación apuntaba la escalada entre iguales. Esto puede suceder cuándo en una relación simétrica -de funciones similares- las personas se enconan en dura competencia. Cuando se trata de quién se lleva el gato al agua no hay colaboración posible.

También las desavenencias personales -recordemos que el nivel de relación entre las personas, según Watzlawick, prevalece y está por encima del nivel de contenido de la comunicación- nos llevan a desacuerdos en el contenido.

O al revés, las buenas relaciones nos llevan a cambiar las visiones dejando las nuestras en detrimento de la pluralidad. Todo esto nos es conocido, es aquello de: si eres mi amigo... ¡no me lleves la contraria, chaval!

Estamos hablando de comunicar puntos de vista diferentes que puedan ser adoptados por otras personas. Si no... ¿para qué la red, verdad?

Nosotros proponemos el enfoque diverso, cambiar el rol de las personas desligándolas de sus visiones o propuestas iniciales para hacerlas partícipes de otras diferentes, incluso responsabilizarlas de su desarrollo para que entiendan mejor dichas visiones y puedan avanzar con ellas.

Como ejercicio. De manera temporal. No se trata de un trasplante de cerebro, ni de empatizar ni nada parecido. Se trata de cambiar la óptica, el dónde me coloco y qué veo desde aquí.

Este enfoque se puede aplicar en una pequeña reunión con objetivos muy concretos o en otro caso muy distinto intercambiando las labores o funciones entre varias personas de una organización.

Es una manera inusual de comprender procesos que ocurren junto a nosotros, procesos que queremos y creemos conocer pero que desconocemos en profundidad.

Enfoque inverso

Decía Machado que en España de cada diez personas nueve embisten y sólo una piensa. El que le tocara vivir unos tiempos terribles, los de la Guerra Civil, hace comprensible su pesimismo.

Nosotros hay días en los que estamos completamente de acuerdo con él y otros en los que pensamos que no es para tanto.

Sin necesidad de ser salomónicos sí que observamos cierta tendencia natural a buscar contrarios, enemigos exteriores, esos *otros* que no saben ni son como nosotros.

En cualquier comunidad podemos encontrar dos bandos enfrentados. Bandos que en apariencia son antagónicos. Un bando predica contra el otro, postula su desaparición o su decrecimiento a la mínima expresión.

Porque a veces no interesa la total desaparición del opuesto, lo que interesa es ganarle. La desaparición del oponente podría ser el inicio del propio final. Si no hubiera enfermedades no necesitaríamos médicos.

Asistimos a este tipo de pautas en varios ámbitos. En la política tenemos a la izquierda y a la derecha, en el deporte rey a equipos de la máxima rivalidad, en otros aspectos de la vida pueden ser opuestas la ciencia y la religión… y así podríamos seguir con otros muchos ejemplos de antagonismo.

Habría que analizar en algunos de estos casos si no estaríamos liándonos y más que antagonistas no tendríamos que considerarlos complementarios.

Sabemos que los extremos se tocan, ¿verdad? ¿O no es así? Nosotros lo descubrimos en primaria en la clase de Geografía -¡Luego dicen que no vale para nada ir a la escuela!- cuando nos enseñaron que Asia y América se tocaban en el Estrecho de Bering, cuando te decían que los dos puntos más alejados del mapa colgado encima de la pizarra en realidad estaban juntos. *Porque, recordad, el mundo es una esfera y este mapa en realidad habría que enrollarlo* -añadía el profesor. Nosotros desde aquel día mirábamos de otra manera aquel mapa, casi girábamos 360 grados la cabeza para intentar unir los dos extremos.

Nosotros proponemos aplicar el enfoque inverso en estas situaciones dicotómicas en las que nos encontramos en una disyuntiva entre sí o no, blanco o negro.

Esta es una aplicación particular del enfoque diverso. Recordemos que el diverso se aplica a visiones diferentes pero que no tienen por qué ser contrarias. Sin embargo el inverso se refiere a sólo dos posiciones percibidas como antagónicas.

Somos conscientes de la burda simplificación que a menudo puede suponer la elección entre blanco y negro. ¿Dónde está la escala de grises? ¿Y los demás colores?

Lo primero que hay que plantear como preámbulo de este enfoque es justo eso. El enfoque diverso. Y si persiste la disyuntiva, entonces, aplicar el inverso.

Nosotros proponemos intercambiar los roles tal como en el diverso. A priori puede ser más complejo que en el diverso al ser las posiciones más enconadas, pero si el juego de roles se lleva adelante con honradez, con parresía, el resultado es más rápido.

Llegados a este punto alguien -usualmente, el del fondo- puede contra-argumentar diciendo: *estos roles muy bien, pero a ver cómo se regulan, chico, porque aquí todos somos como somos y todo el mundo va a lo suyo menos yo que voy a lo mío.*

La regulación de los enfoques la reservamos para el final —le responderemos-, será la guinda de los enfoques. Tú mismo.

Enfoque sistémico

EL PESCADO ESTÁ EN LA RED

La memoria en ocasiones nos juega malas pasadas. Nos olvidamos de lo más importante y recordamos cosas sin importancia. Es como una niña pequeña que se divierte jugueteando con nuestros recuerdos como si fueran sus juguetes, cambiándolos de sitio, manoseándolos, transformándolos, arrinconándolos…

Por uno de esos azares de esta amiga traviesa nosotros todavía guardábamos en la memoria aquella lejana, muy muy lejana clase de química, casi tanto como la galaxia de *Star wars*, en la que un amable y despistado profesor barbudo nos explicó en la asignatura de Química los sistemas cerrados y abiertos. Cosa que nos vino bien en el momento que cayó en nuestras manos -hace ya también muchos años, pero menos- una explicación de la Teoría General de Sistemas.

Porque viéndolo desde nuestra actual perspectiva seguramente continuamos la lectura debido a que, al reconocer algunos de aquellos conceptos, algo hizo click en nuestras neuronas.

Eso que te decían cuando eras pequeño de *todavía no lo sabes pero lo entenderás cuando seas mayor*, que por supuesto entonces te molestaba sobremanera y ahora te ves repitiéndolo. Algo así nos sucedió.

No era la primera vez que asociábamos algo del pasado, algo que había tenido una lógica interna -por eso lo recordábamos- pero totalmente inconexo con nada que conociéramos en nuestra tierna infancia. Pero de pronto tu cabeza te decía que las piezas encajaban, aquello que quedó grabado -aislado- tomó relevancia.

La lógica de los sistemas nos atrapó. Enseguida vimos la conexión de los sistemas abiertos con las situaciones comunicativas. Dicho de otra manera. Lo que dicha teoría o parte de ella nos podía ayudar en la comprensión de los elementos presentes en la comunicación.

Paso a paso, según ampliamos nuestras lecturas, descubrimos los trabajos realizados en la Universidad de Palo Alto por tantos y tan valiosos científicos al formular la Teoría de la Comunicación Humana.

Nada más práctico que una buena teoría -frase atribuida a Kurt Lewin. Así ha sido en nuestro caso.

NADA MÁS
PRÁCTICO QUE
UNA BUENA
TEORÍA
LEWIN

Ahora partimos de la base de considerar a la acción comunicativa como un sistema abierto y las consecuencias prácticas que sacamos son varias.

Si aplicamos las propiedades de los sistemas abiertos a las situaciones comunicativas nos encontramos con muchas posibilidades.

Por ejemplo, si aplicamos la circularidad en la acción comunicativa nos ayuda mucho a imaginarla, representarla o a dibujarla como una sucesión circular, como un ciclo más o menos complejo en el que podemos aplicar varios enfoques.

El enfoque sistémico es una base descriptiva, una manera práctica, visual y muy efectiva sobre la cual podemos trabajar. Este planteamiento se convierte así en la piedra angular sobre la que podemos asentar toda una serie de enfoques comunicativos, usando, combinando y manipulando las características de los elementos presentes en dichos ciclos.

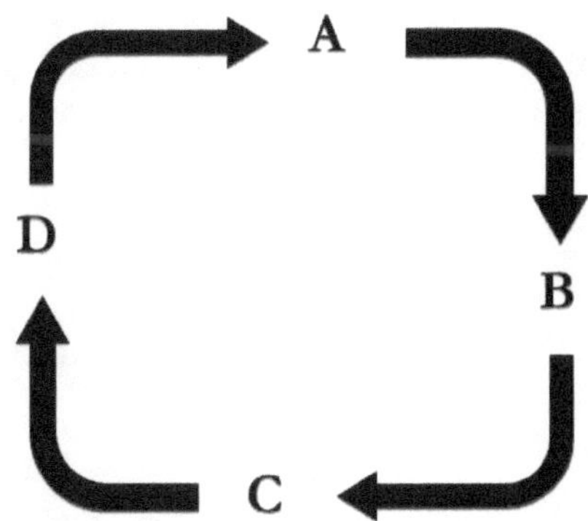

Ciclo con el que se pueden representar acciones comunicativas, aplicando el principio de circularidad.

Si aplicamos la propiedad de totalidad y la de equifinalidad, que nos subrayan la interconectividad de todos los elementos del sistema y que se puede llegar al mismo resultado por distintos caminos, de tal manera que cualquier cambio en uno de ellos repercute en todos los demás, en ese caso podremos aplicar el enfoque transformador. Los llamados arquetipos de Senge son un buen ejemplo e inspiración para poder representar las prácticas y los procedimientos que queremos.

Si aplicamos la propiedad de circularidad tenemos varias opciones para marcar como inicio del proceso. Tantas como elementos haya en el ciclo. Porque, en sentido estricto, en un ciclo no hay ningún principio ni final. Por lo menos no salta a lavista.

Todas estas propiedades y sus respectivas consecuencias son las qu trataremos a continuación.

Enfoque de la puntuación diversa

Yo no he sido, ha empezado él era una de nuestras frases más socorridas para la autodefensa cuando nos pillaban en alguna travesura. Es curioso observar cómo ya desde pequeños sabíamos la importancia del orden de los factores -que excepto en las multiplicaciones- sí que altera el resultado.

En aquella época nos parecía tremendamente injusto recibir el mismo castigo que el iniciador de la travesura, el gran culpable para nosotros. Sin embargo los adultos tenían un sentido de la justicia atemporal y desordenado -o eso nos parecía entonces.

¿Importa tanto el orden de la secuencia? Perdón. No el orden, sino ¿dónde se inicia? Parece ser que sí. Según la experiencia que tuvieron los investigadores de Palo Alto la mayoría de los problemas de pareja se derivaban de ello. ¡Si es que somos como niños!

Fueron objeto de sus investigaciones numerosas parejas que vivían en un mutuo reproche que se retroalimentaba. Por lo visto no cabe duda que la falta de acuerdo en el orden de la sucesión de los hechos -es decir, quién o qué era lo primero, si el huevo o la gallina- traía como consecuencia problemas en la comunicación.

Si tenemos en cuenta la circularidad y recursividad de los hechos es difícil distinguir entre causas y consecuencias, ya que las consecuencias son a su vez causa del siguiente hecho del ciclo. Y vuelta a empezar. Es como el pescado que se muerde la cola. Lo que usualmente denominamos un círculo vicioso.

La manera de resolverlo es saliendo del círculo. No hay otra solución al problema.

Sin embargo, lo que para algunos es una fuente de problemas para nosotros es una solución.

Nosotros proponemos que una vez identificado y representado el ciclo correspondiente atendiendo al enfoque sistémico procedamos a identificar lo que Senge llama la palanca del sistema. La palanca por la que se consiga resolver satisfactoriamente el ciclo.

Para ello proponemos repartir el ciclo con todas las puntuaciones posibles. Habrá tantas opciones de inicio como hechos se hayan planteado en el ciclo.

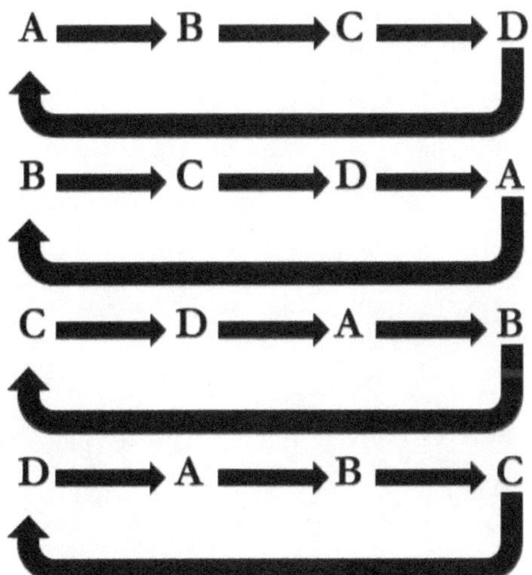

Secuencias comunicativas con diferentes puntos de inicio, aplicando el enfoque de la puntuación diversa.

Todos ellos se deben repartir entre los participantes para que previamente reflexionen sobre sus consecuencias.

Luego se comparten todas las conclusiones de todas las variantes con los demás participantes en la forma y manera prevista, que puede ser -según interese- un enfoque diverso que enriquecería los análisis previos.

Enfoque transformador

Como nos encanta utilizar referencias cinematográficas para hacer la introducción más amena, en este capítulo echaremos mano de dos transformistas de la escena, a saber, Mística y los Transformers. ¿Los conoces?

Mística, la metamórfica de X-men, tiene la capacidad de cambiar de forma a voluntad adquiriendo el aspecto de cualquier otra persona. Es un superpoder que nos maravillaba en los cómics pero que después de verla en las películas todavía nos asombra más. Los efectos especiales han avanzado hasta tal nivel que las transformaciones de Mística son de un realismo asombroso.

Los Transformers también han logrado un nivel excelente, por más que se excedan en su dinamismo y en el ruido que producen. Demasiado estridentes para nuestro gusto aunque comprendemos el éxito entre los más jóvenes.

A nosotros nos gustaría tener una pizca de sus capacidades para poder ser transformadores en nuestra realidad circundante. Sólo una pizca. En eso estamos.

Si mediante el enfoque sistémico hemos identificado los componentes del sistema y representado el ciclo representativo de la secuencia de hechos que nos interesan podremos dar el siguiente paso.

Nosotros proponemos transformar dichos componentes atendiendo a los principios de totalidad y equifinalidad. Esto es, si el resultado final puede ser el mismo cambiemos los elementos para analizar los cambios en cadena que se producen. Puede que nos interese llegar al mismo resultado pero con unos pasos intermedios más eficientes o económicos. Puede que el interés sea otro, es decir, llegar aun punto final distinto y mejor. Según sea el objetivo, actuaremos en consecuencia.

Hagamos un reparto previo de todos los componentes entre los participantes, pidamos un desarrollo previo a cada uno de ellos. Pidamos que hagan una transformación. Pidamos que utilicen elementos paradigmáticamente intercambiables y sintagmáticamente relacionables dentro de la estructura.

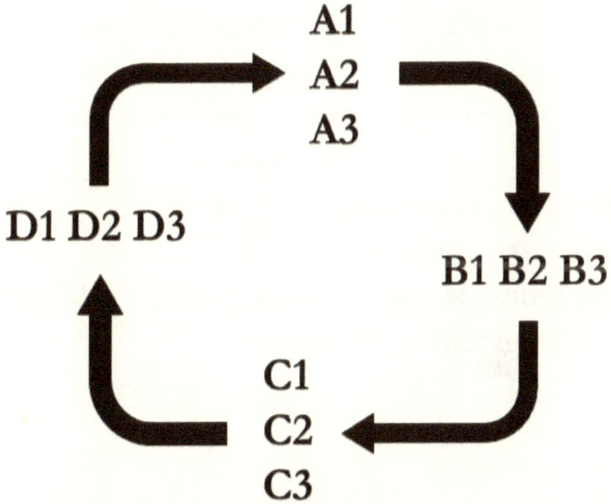

Las relaciones son sintagmáticas en la misma clase (A1, A2, A3...) y paradigmáticas con las demás. El enfoque transformador puede variar tanto unas como otras, repartiendo, a conveniencia, los roles que representen cada una de ellas entre los participantes.

Si son intercambiables por pertenecer a la misma clase tendrán una relación paradigmática. Si pueden relacionarse con los de otra clase distinta tendrán una relación sintagmática.

Cuando hablamos de clases estamos refiriéndonos a casi cualquier clasificación que se nos pueda ocurrir siempre que mantenga la coherencia interna del proceso en análisis. Cómo ejemplo una clase `a´ podrían ser personas, `b´ podrían ser circunstancias, `c´ podrían ser acciones y `d´ podrían ser modos de actuación.

Es con seguridad el enfoque más complejo de entre todas nuestras propuestas. Exige un dominio previo de varios conceptos de la teoría de sistemas que desarrolla Senge. Principalmente los de compensación reforzadora y negativa junto a los de demora y palanca. He aquí otra buena oportunidad para repasar la bilbiografía del final si quieres profundizar en este tema en concreto.

Nosotros pensamos que está especialmente indicado para momentos clave en los que las organizaciones han de virar el rumbo o definir sus líneas estratégicas.

Enfoque divergente

UM
Tenemos que innovar, hay que marcar la diferencia. Trabajaremos por las noches mientras todos duermen. Eso nos dará la ventaja definitiva.
El camino está fuera del camino. Usaremos las escaleras en lugar del ascensor.
Son veinte pisos.
No sea negativa.
UM

Innovar está de moda. Todos pretendemos innovar. Todo el mundo quiere innovar, sabe innovar, son los reyes de la innovación, pero a la hora de demostrarlo pocas veces se convierte en realidad.

La verdad verdadera es que muy pocos saben, pueden e innovan. La mayoría copia, resetea y habla mucho.

Se vende humo. Palabras vacías de contenido. *Nihil novum sub solem* sentenciaban los clásicos. Para los que ni saben ni quieren aprender latín: *Nada nuevo, viejo.* O algo así.

Se decía hace unas décadas sobre los japoneses que no innovaban, que lo único que hacían era miniaturizar, es decir, copiar los productos y reducirlos de tamaño.

Creemos que ya no se dice tanto como antes, no sabemos si porque dejaron de hacerlo o ya lo hacen todos.

Tampoco estaba tan mal si era cierto que lograban miniaturizar sin perder otras cualidades. Pero ahora nos va lo grande, ande o no ande. Fijaos en los smartphones.

Nosotros pensamos que el camino está fuera del camino, es decir, que transitando por donde todo el mundo no hay posibilidad de innovación.

EL CAMINO ESTÁ
FUERA
DEL CAMINO.

PAPERBAGE

Suele atribuirse a Einstein aquella frase que decía *Es estúpido pensar que se conseguirá un resultado distinto haciendo las mismas cosas.*

Es obvio. La diferencia está en el diferente. No hemos descubierto América. Nosotros también copiamos, en el buen sentido, utilizamos ideas de otras personas procurando cambiarlas, modificarlas y darles algún sentido novedoso. Creemos que innovar está en los detalles, en pequeños grandes cambios de elementos en apariencia mínimos.

También opinamos que hay que tomar en consideración -esto es, tomarse un rato para pensar- en lo que dice el raro de la esquina. Ese que se va solo. El que parece fuera de onda. Ese que nadie entiende cuando habla y que cuando se le entiende -muy de vez en cuando- o lleva la contraria o dice incoherencias según la opinión general que, da la casualidad, es la más alejada de la innovación.

Cuando alguien lleva la contraria a la opinión general y dice algo incomprensible es que o es muy listo o muy tonto. Bueno, eso piensa la mayoría. Es la reacción natural, según la reputación previa sobre el sujeto sea una juicio admirativo o un prejuicio negativo.

LA DIFERENCIA
ESTÁ
EN EL DIFERENTE.

PAPERBAGE

Pero eso no tiene por qué ser así, puede ser porque se parte de diferentes vivencias, premisas desconocidas… Por ejemplo, alguien mucho más viejo sorprende a los jóvenes -muchas veces negativamente, claro- y viceversa -o sea, que el joven también puede sorprender, en la mayoría de las ocasiones, también negativamente. Asimismo puede darse una situación similar entre personas de muy diferente procedencia y cultura.

Nosotros también opinamos que innovar no se basa en la improvisación, aunque no negamos que pueda sonar la flauta sin clases de solfeo, vemos inverosímil que de ahí surja una melodía.

Nosotros damos por seguro que para innovar es preciso un contexto, un ecosistema, una tierra fértil bien cuidada, sembrada, labrada y regada. Y como el conocimiento emerge de la red, el conocimiento innovador surge de la red diseñada, de los espacios dedicados, de las redes personales y colectivas compartidas, de los hábitos, enfoques y maneras que se emplean.

EL CONOCIMIENTO
INNOVADOR EMERGE
DE LA RED DISEÑADA,
DE LOS ESPACIOS
DEDICADOS, DE LAS
REDES PERSONALES Y
DE LOS ENFOQUES
UTILIZADOS.

PAPERBAGE

Nosotros proponemos aplicar los procedimientos explicados en las anteriores páginas. Proponemos aplicar el enfoque dialógico para ampliar el abanico y recoger las opciones plurales de nuestra red.

Proponemos aplicar el enfoque transformador para, observando con claridad el panorama general, poder identificar y analizar las claves de los procesos.

Proponemos aplicar el enfoque diverso para entender el conocimiento emergente compartido. Y ya, si la innovación no ha surgido en todo ese camino recorrido, aplicar el enfoque divergente.

El enfoque divergente lo consideramos como un desarrollo particular híbrido del enfoque transformador y del diverso. Se trata de plantearse los pasos y elementos identificados en el enfoque transformador y, tras hacer los cambios pertinentes -raros, diferentes y sorprendentes-, repartirse los roles de acuerdo al enfoque diverso anteriormente explicado.

El enfoque divergente es un conjunto de diferentes situaciones -redes y espacios- y una sucesión de enfoques. En cualquier sitio o momento puede saltar la liebre.

El observador inteligente reconoce y distingue el conocimiento emergente que los participantes en las vigentes redes comparten de forma y manera diligente.

Enfoque atributivo

Y, como empleado del mes, felicitemos a Pérez y procedamos a colocar su foto en el marco destinado a tal efecto.
A ver si me sube el sueldo esta vez. ¡Tacaño!
¡Pelota baboso!
Total.. ¿para qué?

El juego limpio es un concepto que se usa referido a los deportes de competición, por eso no es extraño que también podamos usarlo en otras actividades humanas en las que haya interacciones, pugnas e intentos de superación.

Dentro de cualquier organización tenemos pequeños roces y ligeros enfrentamientos… cuando no auténticas guerras fratricidas entre bandas y camarillas.

Por el interés te quiero Andrés, dice uno de los refranes más usados cuando queremos resaltar una relación interesada o la falta de amor verdadero. Y es que las personas nos movemos en muchas ocasiones impulsadas por motivaciones egoístas, sin importarnos el prójimo y menos la marcha del colectivo.

¿Tenía razón Rousseau al afirmar que el hombre —o la mujer, en su caso- es bueno o buena por naturaleza, en el momento de su nacimiento y que se malea con el tiempo?

Entonces, ¿quién lo degenera? Según Rousseau la riqueza y el poder eran las principales causas.

Pues tuviera o no razón Rousseau el estado de la cuestión no ha cambiado demasiado, si acaso, podríamos añadir algún factor más coadyuvante en dicha degeneración moral.

Decía el misógino Hércules Poirot *cherchez la femme*, refiriéndose al móvil de los asesinatos que investigaba y felizmente solucionaba. El amor, más bien los engaños y desengaños amorosos, las envidias, la vagancia o natural tendencia de muchos al *dolce far niente*. El dinero. El poder. Muchas son las tentaciones y conocidos los móviles para el egoísmo, para la trampa e incluso el crimen.

Nash, el de la mente privilegiada de aquella película que vimos hace unos años, el raro, demostró científicamente con su famoso *Equilibrio de Nash,* hito de la Teoría de juegos, el egoísmo de las personas que únicamente podía ser vencido por algún tipo de norma, comunicación o raciocinio preestablecido. Y lo demostró cuando propuso a sus colegas una estrategia ganadora para todos a la hora del difícil arte del ligue. Propuso una estrategia que se basaba en el previo acuerdo de los pretendientes. El acuerdo era que ninguno de ellos intentaría ligar con la más guapa. De esa manera no ofenderían a las demás y todos conseguirían pareja.

En realidad, no sabemos cómo terminó ni tampoco hemos aplicado la receta hasta el día de hoy —nosotros fuimos, por primera y única vez, a por la más guapa y, hemos de añadir, que con éxito.

Otro buen ejemplo de este principio es el famoso dilema del prisionero. Dos prisioneros están detenidos e incomunicados, de tal manera que la policía ofrece un buen trato a quien colabore primero. El primero en cantar obtendrá la libertad o una pena atenuada en recompensa por su colaboración con la justicia, mientras que el más fiel a su compinche, el menos traidor, se llevará la peor parte, una larga condena.

Si ambos callan y mantienen la mutua lealtad ambos se librarán con apenas un pequeño castigo. El resultado casi siempre, como bien sabe la policía -entre otros motivos, que los habrá, por eso incomunican a los detenidos- es que los detenidos cantan antes o después.

Con una salvedad. ¿Cuál es la salvedad, esa en la que los detenidos no cantan? Pues es bastante sencillo. Cuando los beneficios de cantar son inferiores a los posibles perjuicios.

Por ejemplo, que ambos detenidos sean miembros de una banda más grande -de la mafia, mismamente- y quien tenga tentaciones de cantar tenga claro que la venganza le alcanzará allá donde vaya, incluso bajo la protección del famoso programa de protección de testigos, tal como se encargan de enseñárnoslo en varias películas del género gangsteril.

La *Teoría de Juegos* y el *equilibrio de Nash* pueden no demostrar inocencias infantiles naturales o rouseaunianas, pero nos aclaran que la estructuración de normas y reglas -escritas en tinta, en sangre o de palabra- conocidas por todos los miembros de una organización pueden impulsar un comportamiento más ético y cooperativo.

Dicho de otra manera. Tiene que salir a cuenta ayudar al grupo. Porque aunque quizás Rousseau tuviera razón… ya no somos unos niños.

Nosotros proponemos que la dimensión ética sea la base de toda actividad humana. Nos vale una ética religiosa, laica o de otra índole.

Afirmamos que, en lo que a este tema respecta, la ética basada en el altruismo es efímera, y que la duradera es la que se asienta en la justicia, en la igualdad de oportunidades, en la recta aplicación de las normas y también en las atribuciones justas.

Las atribuciones son la clave de bóveda, la madre del cordero, dentro de una organización que quiera compartir el conocimiento.

Nosotros consultamos el rimador de Internet -si no lo conocías ve y míralo, es la bomba- y nos salieron las cinco palabras clave, porque atribuciones rima con contribuciones, distribuciones, redistribuciones y retribuciones.

Las atribuciones. Démosle el mérito de lo compartido a quién ha tenido la habilidad o el ingenio.

Si un superior o jefe se apropia de un mérito que en justicia no le corresponde tendremos -hemos tenido muchas veces- consecuencias a corto, medio y largo plazo difícilmente cuantificables.

Un empleado despechado que luego no rinde ni quiere rendir. Un trabajador vengativo que entorpece con maniobras más o menos ocultas la labor del grupo. Muchos trabajadores mudos, pasivos y pasotas que no quieren aportar para que otros se lleven las medallas, los ascensos y los premios.

Todo ello aderezado de odios irreconciliables, incapacidades manifiestas de ayuda mutua y nula compartición del conocimiento.

ATRIBUCIÓN RIMA
CON CONTRIBUCIÓN,
CON DISTRIBUCIÓN Y
CON RETRIBUCIÓN.

PAPERBAGE

¿Qué es una atribución? Atribuirle el mérito a alguien, claro. O sea, ¿palmaditas en el hombro? ¿O hablamos de cuestiones más tangibles o materiales?

La arbitrariedad en las atribuciones es un arreglo de mal pagador, un quiero y no puedo. Las loas y demás parafernalias jabonosas tienen un recorrido muy corto, exactamente hasta doblar la esquina. Para eso estábamos mejor como antes. ¡Era feo pero estaba más claro!

Esta es una de las características principales de toda organización que pretenda que el conocimiento sea compartido. Esta es seguramente la característica más niveladora, más raseadora y, por qué no desvelarlo, más desagradable para los jefes.

Porque pone en cuestión su estatus, así es como se sienten, les fastidia que los subordinados se lleven el mérito puesto que parece que les descalifica y les hace quedar mal.

Pero es al revés, el jefe o superior que atribuye con puntería, distribuye con maestría y retribuye con generosidad contribuye más que nadie.

Por todo lo dicho la claridad y la precisión son imprescindibles. Todos los miembros deben saber qué ganan cuando contribuyen, cómo se miden y valoran las contribuciones. Y todos deben poder conocer cómo se valora el compartir, pese a que no tenga resultados inmediatos visibles.

Nosotros proponemos que se explicite y se aplique el enfoque atributivo, pues será el combustible necesario para que el conocimiento fluya en la red.

EL JEFE QUE
ATRIBUYE CON
PUNTERÍA,
DISTRIBUYE CON
MAESTRÍA Y
RETRIBUYE CON
GENEROSIDAD,
CONTRIBUYE CON
ABUNDANCIA.

PAPERBAGE

PAPERBAGE

Enfoque formativo

¿Cuál es la cultura de la mayoría de las organizaciones respecto a la formación de sus miembros?

En muchas de ellas se trata de aprendizaje vicario, por imitación. O experiencial, por prácticas. Siempre con vistas en los recién llegados para que éstos sean introducidos cuanto antes en la cultura de la organización.

Luego se va saltando de una a otra cosa cómo abejas libando de flor en flor, pajarillos que picotean a pequeños saltos, generalmente promovidos por ideas felices de jefes sobreestimados.

¿Quién diseña la formación? ¿Quién la propone? ¿Quién dispone de ella? ¿Quién tiene la idea? ¿Son, quizá, los más veteranos porque ya se sabe que el diablo sabe más por viejo que por diablo? ¿O nos conviene más que sean los jóvenes porque la osadía de la juventud es una herramienta potente y válida en estos tiempos?

Nosotros proponemos que la red personal sea una de las vías de formación y que su compartición ayude a decidir las directrices generales.

Por la misma razón proponemos que haya un enfoque formativo programado y otro previamente no programado.

Recordemos que la red posibilita situaciones no previstas y que en cualquier momento salta la liebre, recordemos que es imposible no comunicar, aprender y formarse. La serendipia, aprendizaje informal e imprevisto que surge en cualquier momento y lugar, inopinadamente e inesperadamente, por asociaciones de ideas en cualquier momento y lugar, puede ser el germen y el inicio de las mejores propuestas.

Nosotros proponemos que los recién llegados se sumerjan en la filosofía de la organización, en las maneras de funcionar y en las redes existentes, y que esa será su mejor formación y también donde ellos aportarán sus nuevas visiones al conjunto.

Además es oportuno aplicar el enfoque dialógico a la hora de programar procesos de formación amplios o generalizados, aunque solo sea para detectar las necesidades formativas desde distintos puntos de vista.

A renglón seguido, es evidente que será necesario utilizar el enfoque deliberativo para ponderar y escoger las mejores opciones.

Otra de las opciones prácticas que impulsan el aprendizaje y la formación experiencial es la utilización del enfoque diverso, intercambiando las funciones por periodos de tiempo predeterminados entre distintas personas para así poder formarse mediante prácticas dirigidas.

Es la formación junto con la información -no la ocultación, el miedo y la desinformación- la que puede conseguir la transformación de una organización. Una formación que sea continua, bien estructurada y mejor dirigida, que se atenga a las necesidades reales de las personas y de los colectivos.

134
LA FORMACIÓN JUNTO CON
LA INFORMACIÓN
-SIN OCULTACIÓN, MIEDO
NI DESINFORMACIÓN-
CONSIGUE LA
TRANSFORMACIÓN
DE UNA ORGANIZACIÓN.

PAPERBAGE

Enfoque deliberativo

EL PESCADO ESTÁ EN LA RED

Vamos a hacer un ejercicio de simplificación. Hagamos como esa gente que divide el mundo en dos categorías. Del estilo de… los que prefieren el refresco de naranja o los que prefieren el de limón. Los que usan desodorante y los que no. Los que cantan en la ducha o los que no. ¿Ok?

Allá vamos, nuestra disyuntiva es entre los decididos y los indecisos.

Por partes. Los decididos. Son quienes lo tienen todo claro, saben cuál es su color preferido, qué marca de coche les gusta y hasta qué pareja tendrán. Usan muchas frases de esta guisa: *De toda la vida yo… No hay mejor (lo que sea) que…* y van dando consejos - casi órdenes- por la vida. *Hazme caso, cómprate….* Como comprenderás, les gusta tomar decisiones. Da igual que sea al comprar el pan, para ir de vacaciones o en su lugar de trabajo.

Ahora los indecisos. Estos son un mar de dudas. Todo lo ven dudoso. Dan la impresión de ser bastante inseguros en los pasos a dar. *¿Esto? ¡No! ¡Igual es mejor lo de más allá! ¡Ay! pero y ¿si no es así? No sé yo si…* son sus frases más frecuentes.

Normalmente van acompañados para poder hacer o decidir lo que les indican, claro. Pero después de un buen rato.

Decídete. No tenemos todo el día. ¡Ay qué paciencia! ¡Ni el santo Job podría haber aguantado tanto como nosotros!

Si has tenido la fortuna de estar con alguien de este grupo -lo cual no es difícil, pues deben ser millones, creemos que casi tantos como los decididosseguro que has escuchado imprecaciones, lamentos y quejas parecidas en relación con vete a saber qué. Casi sobre cualquier tema.

El mayor problema surge cuando -puede que ya te hayas dado cuenta- juntamos una pareja del mismo grupo. Imagínate dos indecisos. ¡Ay qué dolor y qué pérdida de tiempo! Ahora imagínate dos decididos. ¡Ay qué discusiones y qué sinvivir!

Nosotros opinamos que los indecisos siempre se salen con la suya y, según se mire, son los más decididos porque siempre deciden lo mismo, es decir, que decidan los otros, y luego si algo no funciona, ya les echarán la culpa.

Nosotros pensamos que el procedimiento decisorio, las deliberaciones para seleccionar la mejor opción corresponden en principio a los dueños de la organización, a los titulares, a los accionistas, a los socios, a la asamblea general o a quien ellos deleguen.

La toma de decisiones es una manifestación de poder. Es la máxima manifestación de poder. Es el poder en todo su esplendor, aunque sea teniendo en cuenta y en alta consideración las propuestas de los subordinados.

Por eso corresponde a quien corresponda según sea el tema que se trate y según especifiquen los estatutos, las leyes o las normas correspondientes.

Faltaría más. En esto no vamos a saltarnos la jerarquía. Tenemos claro que una decisión no tiene por qué ser democrática.

O sí. Depende de muchos factores, algunos de los cuales hemos pormenorizado. Porque tenemos clarísimo que hay que explicitarlo.

Nosotros proponemos que hay que describir quién tomará la decisión, cuando lo hará, cómo y por qué. En realidad proponemos que, a poder ser, se describa lo más detalladamente posible.

Proponemos separar siempre -o casi siempre- el transcurso deliberativo de cualquier otro enfoque, reunión o actividad. Recordemos que el poder lo distorsiona todo. Es como el sol o una estrella masiva que dobla el espacio-tiempo. Es como un agujero negro que se traga todas las ideas antes de que aparezcan.

Por eso proponemos explicar a priori los pormenores del enfoque deliberativo, desligarlo claramente de todas las actividades centrales, reuniones, trabajos, propuestas… sean con un enfoque u otro, y, una vez concluidas las reuniones, convocar las deliberaciones como un desarrollo diferenciado, aparte - puede que inmediatamente a continuación de todo lo anterior. Y al final comunicar el resultado.

No hagamos como aquel jefe que queriendo dárselas de democrático y pluralista explicaba el estado de la cuestión, aseguraba que iba a tener en cuenta la opinión de todos pero antes de dar la palabra a nadie dejaba clara su posición al respecto, incluso vaticinando desastres en caso de no seguir sus indicaciones, para a continuación esperar pluralidad. ¡Un crack!

Desgraciadamente seguro que algo parecido te sonará, ya que, con mayor o menor habilidad, quien más quien menos, habrá deslizado sus criterios antes de pedirte tu opinión.

Otra patología típica se da cuando aparte de no separar el proceso decisorio no se toma ninguna decisión clara, cuando se deja flotando en el aire de manera que casi cada participante la entiende a su manera. Porque como tampoco existe un acta… total, ¿para qué? ¿Verdad que te suena?

Evitemos situaciones parecidas y demos explicaciones en los momentos adecuados.

La explicación *a priori* evita la incertidumbre. Si en el inicio de una reunión no sabemos quién decidirá, el descoloque del personal es fenomenal. Cada uno actúa según sus hipótesis, unos según la costumbre anterior, otros según su criterio personal… Pero los equívocos y los miedos estarán presentes.

La explicación *a posteriori* evita la sensación de arbitrariedad que se produce si no se dan las razones que se han tenido en cuenta en el método resolutivo.

LA EXPLICACIÓN
A PRIORI
EVITA
LA INCERTIDUMBRE,
LA EXPLICACIÓN
A POSTERIORI
EVITA
LA SENSACIÓN
DE ARBITRARIEDAD

PAPERBAGE

Además, es aconsejable, siempre que el tema se preste a ello, consultar a las personas implicadas, a quienes entiendan del tema y puedan aportar pistas que nos ayuden en las decisiones.

Para ello habrá que tener en cuenta primero las funciones que desempeñan y seguir los pasos lógicos sin puentear -es decir, no tomar en consideración- al personal directamente afectado.

Hay que recordar que a todos nos gusta que nos tengan en cuenta y además eso redunda en una mayor identificación e implicación personal. Si escuchamos activamente a alguien puede que sea más fácil que sienta como suya la decisión tomada.

Si anteriormente comentábamos con motivo del enfoque dialógico que estaba sobrevalorado, es en este punto en el que quisiéramos rehabilitar y traer como vestido de domingo a nuestro ahora bienvenido *consenso*. ¡Y es que nada mejor que una buena decisión consensuada entre todos!

Si disponemos del tiempo preciso y las ganas necesarias -y, por encima de todo, el tema es lo suficientemente importante- podemos aplicar un enfoque diverso que engrase las deliberaciones, abra las mentes y predisponga hasta al más testarudo.

Sea como fuere, una decisión individual tiene más riesgos de ser peor valorada que una colectiva, pero una colectiva puede llevar más tiempo y no ser todo lo eficaz que se pretende.

Hemos ya comentado la importancia de la comunicación *a posteriori*, a la que habría que añadir la responsabilidad de las personas que deberán poner en marcha la decisión en cuestión. Si es una, varias o todas. Y su nivel de implicación según la participación en el proceso anterior.

Es que según se mire, todo lo hablado no es más que eso, hasta que se lleva a cabo sólo son palabras.

Además alguien tiene que controlar la efectividad de las decisiones y proponer acciones previstas según el nivel de ejecución, con la posibilidad de ajustes y cambios posteriores.

La previsión tiene que contemplarlo todo hasta el final, incluso las consecuencias de las decisiones en el clima general, la responsabilidad en caso de malas decisiones -si es una sola persona claramente identificable, un pequeño grupo o un gran grupo en el que se diluye-, las propuestas a futuro… para lo cual vendrá de perilla un enfoque adaptativo que retroalimente todo el proceso.

Enfoque adaptativo

Adaptarse o morir. Darwinismo puro y duro. O, por mucha capacidad adaptativa que se tenga, *"Dentro de cien años todos calvos"*, que también son ganas siempre de atacar a los alopécicos.

Con eso queremos dar a entender que es factible lo contrario, adaptarse y morir. Pero más tarde.

Sabemos cómo termina esta película y *no hay mal que cien años dure* ni empresa eterna ni organismo perenne e inmortal. Que se sepa.

Algo hemos oído últimamente sobre la singularidad tecnológica, que es o será el momento en el que los ordenadores superen la capacidad computacional del cerebro humano. Lo cual podría llevarnos a un futuro esplendoroso con vidas inmortales al unirnos a las máquinas en un todo-uno o si no a nuestra desaparición o extinción provocada por las máquinas inteligentes, tal como se nos vaticinó en la distopía que hace ya tantos años nos obsequió la trilogía *Terminator*. Entretanto, la vida sigue.

A lo que íbamos, que ya nos estábamos liando. El enfoque adaptativo es la realimentación, el enfoque que monitoriza y adecúa el sistema. Es un subsistema o una parte del enfoque sistémico y por la misma razón está íntimamente ligado con el transformador.

Por supuesto, también relacionado con el equilibrio homeostático mencionado en dichos enfoques, pues una parte del sistema se redirige a la entrada del mismo para controlar su comportamiento.

Es el feedback positivo que refuerza y lleva a la saturación, y el feedback negativo que reajusta y conduce a la estabilización.

Es un sistema de control de sistemas. Se diseñan e implantan unos puntos de control para la realimentación del sistema.

Son conjuntos de secuencias circulares cuyos componentes son momentos, lugares, indicadores o controladores.

No confundamos este lenguaje de positivo y negativo y lo asimilemos a alabanzas y reproches. No tiene nada que ver. Son acepciones muy distintas.

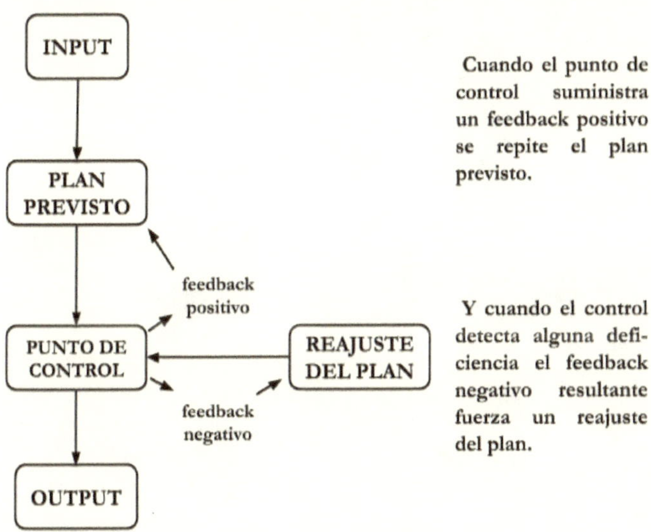

La realimentación positiva refuerza el no-cambio y la negativa la transformación. Nada más y nada menos.

Suena a dictatorial, a encorsetado, a blanco y negro, a inelástico. Nada más lejos de nuestra intención. No hablamos de un control automático efectuado por máquinas. Hablamos de control dirigido por personas que continuamente se cuestionan todos los aspectos y exploran las posibilidades.

Nosotros proponemos que el plan es el no-plan, y qué se debe premiar la labor de crítica y control que conduzca al cambio continuo.

EL PLAN ES
EL NOPLAN
PAPERBAGE

Claro que hay plan, pero se cambia sin miedo. Los controles deben proporcionar información sobre las fallas del sistema y ofrecer soluciones o iniciar el camino para que se produzcan. Deben de diseñarse de tal manera que salga a cuenta no aferrarse a lo conocido.

Hay que establecer mecanismos de enfoque diverso en los controles, de tal manera que las personas cambien en sus funciones y roles de control y sean compensadas por sus descubrimientos de puntos defectuosos. Y esto está muy mal visto.

El canario de la mina era el primero en caer, matar al mensajero portador de malas noticias era lo usual en tiempos medievales. Ciertamente nos enfrentamos ante una característica muy humana, la de no querer atender puntos de vista disonantes, la de no querer ver lo que debiéramos de cambiar, porque es más optimista, menos negativo —y a buen seguro más cómodo- tener una visión más optimista.

A veces son las palabras que usamos las que nos llevan a engaño. ¿Quién es el desgraciado que quiere verlo todo negro y vivir en el pesimismo? Nosotros no. Tú tampoco. Cambia el enfoque y cambia las palabras. Es un error básico de planteamiento.

¿En qué debemos ser optimistas y tener una visión positiva? No en no querer ver o en no ser objetivos, sino justamente en lo contrario. Se trata de encontrar mejoras, proponer cambios.

Ese tipo de información es clave. Por dicho motivo hay que diseñar un sistema de controles adaptativos que premie a las personas que ponen el dedo en la llaga. Hay varios conocidos dichos que remarcan la visión negativa, *¿Ponernos en lo peor y esperar lo mejor? ¿Lo mejor es enemigo de lo bueno?* No, recuerda el poder de las palabras, rectifica esos dichos. Nosotros elegimos el enfoque adaptativo, que se propone transformar el plan existente, ya de por sí bueno, para procurar hacerlo mejor. Todo positivo, nada negativo.

Muchas organizaciones han querido mejorar la relación con los clientes, los procesos internos, la formación de los trabajadores, su productividad y se han visto arrastrados, empujados, y algunas veces atrapados, sobrepasados, por los llamados procesos de calidad que en las últimas décadas han acaparado, y cómo, la atención de la mayoría de las organizaciones siempre con el loable objetivo de conseguir mejorar y progresar, evaluar y reajustar los planes mejorando los procesos que realizan.

EL MAPA NO ES
EL TERRENO.
KORZYBSKI

A la vez que utilizaban dicha actividad como reclamo, aunque sólo fuera un poquito, y es que qué bonito quedaba lo de los ISOs, las Qs... A que sí, los de marketing lo adoraban.

Aclarémonos. Esto ha sido una ola, un tsunami que se inició donde se inician los tsunamis, en Japón.

Porque fueron ellos quienes empezaron con esto de la calidad. El objetivo que tenían, según tenemos entendido, era producir la cantidad exacta o, por lo menos, la más aproximada posible a la cantidad total de ventas, es decir, ajustar la producción en tiempo y cantidad *–just in time.*

Ese parece ser y no otro el origen de toda esta paranoia de los procesos de calidad. Aunque luego, por supuesto, la cosa evolucionó, se diversificó y se complicó.

A saber por qué les seguimos la corriente a los hijos del Sol Naciente. Podíamos haber hecho como con las huelgas a la japonesa, o sea, coger la idea y darle la vuelta como a un calcetín -aunque por lo que sabemos esto último no es más que una feliz leyenda urbana.

Pero no, lo que hicimos fue empezar una carrera de procesos, evaluaciones e indicadores de calidad que si bien en algunos casos nos llevó a reflexionar y mejorar el trabajo que realizábamos, en otros casos nos llevó a aumentar significativamente, dramáticamente, el papeleo y la burocracia. Recordamos la importancia que daban a documentar todos los procesos hasta el mínimo detalle. Lo que no está escrito no existe, decían. Venga a escribir y a documentar, para que constara, por duplicado o por triplicado, esquemáticamente y en prosa, en formato digital y en papel.

Nosotros procedemos de esa cultura, somos una gente que descubrió que el trabajo bien hecho había que documentarlo.

El poder de la palabra escrita, en el pasado una especie de verdad revelada e inaccesible para los analfabetos, todavía se erigía en dueña y señora de la percepción que teníamos de la realidad.

LO QUE ESTÁ ESCRITO NO EXISTE.
KORZYBSKI

Nosotros nos sumergimos en aquella vorágine de papel y celulosa, de registros y gráficos. Como auténticos posesos, con la fe del converso.

Hasta que un día descubrimos que nos habíamos pasado de frenada. Que no era aquello. Que como decía alguien a menudo, el papel lo aguanta todo.

Parecía un elemento que creaba su propia realidad, sobre todo cuando aparecían unos evaluadores que analizaban la documentación sin preocuparse de sus pretendidos paralelos reales.

Como ejemplo mencionaremos el caso de un evaluador de procesos de calidad que acudió a una empresa para comprobar los procesos de seguridad e higiene. El evaluador, cuya contratación dependía de la empresa que tenían que evaluar, dio por buena la documentación e hizo caso omiso de una puerta rota, que vio perfectamente porque tuvo que atravesarla, ya que el documento correspondiente certificaba fehacientemente que la puerta estaba en perfecto estado y podía cerrarse herméticamente asegurando el aislamiento de toda la instalación.

La ironía de la situación viene dada porque el evaluador cumplió con su trabajo, que era comprobar la documentación. La situación real de la puerta no le competía, no era su responsabilidad.

Ahora nosotros proponemos que lo que está escrito no existe.

Viene a colación y en contradicción de todo lo anterior el recordar aquella frase antes mencionada de Korzybski, *el mapa no es el territorio*, frase que se le ocurrió durante la Primera Guerra Mundial al caer junto a sus soldados en un agujero que no aparecía en los mapas militares.

A lo que Bateson añadió, *el nombre no es la cosa nombrada*, frase que nos acerca a la cuestión que tenemos entre manos.

A lo que por nuestra parte añadiríamos, *lo que está escrito no existe*. Que no deja de ser una manera elegante de decir que lo que está escrito no se corresponde con la realidad de los hechos, o que simplemente es una interpretación más o menos afortunada, más o menos exacta, según las dotes de observación de quien escribe.

Podríamos llegar incluso más lejos y preguntarnos si existe la realidad que no observamos, pero casi mejor se lo dejaremos a los expertos en física cuántica.

EL NOMBRE NO
ES LA COSA
NOMBRADA.

BATESON

Enfoque de la austeridad

Señor, ¿Dónde reservo la comida del Comité de Control de Gasto?
En "Chez Maurice", la langosta es magnífica.
Sólo iremos los directores, no invite a los subdirectores. Hay que ser austeros

Ah! Y ahorremos papel. Use el correo electrónico para convocar a los miembros del consejo
Recuerde que sólo lo necesario es imprescindible.

Eficacia, tal como nosotros la entendemos y en lo que ahora nos importa, es el sobreesfuerzo, es la superflua utilización de recursos escasos, es matar moscas a cañonazos.

Sin embargo eficiencia es cuando todo funciona sin mover un dedo, sin prácticamente consumir energía.

La eficiencia es un delicado equilibrio que se balancea y puede tender a un lado o a otro, bien al abuso bien a la insuficiencia.

LA EFICIENCIA
ES UN EQUILIBRIO
QUE SE BALANCEA
DEL ABUSO
A LA INSUFICIENCIA.

PAPERBAGE

Si cae hacia el abuso podremos ser eficaces pero será a costa de detraer o desviar elementos indispensables para otras funciones. Lo que en el sabio refranero se expresaba como *Desvestir un santo para vestir otro*.

Y si cae hacia la insuficiencia, es decir, si por ahorrar o por la obsesión de recortar no llegamos… entonces habremos desperdiciado todo el esfuerzo -por muy recortado y austero, esfuerzo al fin y al cabo- y nos creará frustración, además de otras consecuencias negativas nada desdeñables como la pérdida de confianza… es lo que se suele denominar *la trampa de la austeridad*. Porque hay quien confunde la austeridad con la racanería, con el primitivismo y con el *Sálvese quien pueda* y *Allá te las compongas*.

Evidentemente, sin menospreciar a los políticos -ya se ocupan ellos- también denostamos el uso obtuso del concepto de austeridad empleado los últimos años de crisis. La austeridad para ti y los tuyos y la abundancia para mí y los míos. Dinero para rescatar bancos y bajadas de sueldo para los trabajadores.

Cualquier organización debe plantearse en qué sí merece gastar, en qué aspecto invertir, en cuál no racanear… incluso en épocas de crisis.

La identificación de los procesos clave depende de otros enfoques antes explicados, principalmente del sistémico, del transformador y del divergente.

Nosotros pensamos que una organización, una empresa, forma parte del tejido social en el que se encuentra, forma parte de su entorno. No es algo extramuros -aunque esté en un polígono en las afueras-, no es foráneo -aunque su origen sea lejano- sino que forma parte del paisaje y debe comprometerse con la cultura, con las costumbres, la idiosincrasia y la sostenibilidad del conjunto.

Nosotros proponemos que una organización debe plantearse qué aporta a su entorno social, a su ecología. Debe plantearse que debería aportar y no aporta. Debe analizar qué daños infringe en su funcionamiento. Debe pensar cómo evitarlos.

La ecología es un concepto importante de nuestra propuesta. Un organismo momentáneamente viable, puntualmente exitoso, en un entorno al que castiga es a la larga tiempo perdido, carece de futuro y fenece.

Quisiéramos exponer nuestra visión particular sobre el tema. Pensamos que se impulsa una ecología mal entendida. Es una ecología en la que el reciclaje ocupa el lugar central, decisión que desde nuestro punto de vista es errónea, ya que el reciclaje debería ocupar el último lugar, el del mal menor, algo a evitar.

El reciclaje es *Pilatos* lavándose las manos. Mejor dicho, eres tú con sentimiento de culpabilidad intentando arreglar lo que estropeaste previamente.

Volver a usar. Ese es el secreto. Sin reciclaje. La reutilización es el tema central. No es más limpio quien más limpia sino quien menos ensucia. Aplícate el cuento. Es la eficiencia con conciencia que detecta la deficiencia y la soluciona con suficiencia.

LA EFICIENCIA DETECTA
LA DEFICIENCIA
CON CONCIENCIA
Y LA SOLUCIONA
CON SUFICIENCIA.
PAPERBAGE

Por todo ello proponemos aplicar el enfoque dialógico para identificar desde la pluralidad los puntos, momentos y situaciones en las que se pueden aplicar los criterios de eficiencia expuestos, tanto los referentes al entorno social como los que respecta a la ecoeficiencia.

Proponemos identificar mediante el enfoque sistémico cuáles son los procesos y puntos claves en los que dedicar más recursos disponibles. Y proponemos hacerlo periódicamente.

Enfoque metacomunicativo

El prefijo *meta* en griego significa *después* o *más allá*. Asi *metafísica* se entiende como *más allá de la física*, se utiliza para dar un significado de abstracción del término que precede, *metalenguaje* es el lenguaje que trata acerca del propio lenguaje. De la misma manera *metacomunicación* es realizar abstracciones -a poder ser lo más concretas posible en nuestro caso- sobre la comunicación.

Este nuevo rol es diferente a los anteriores. Hasta ahora, en lo que llevamos de explicación, los participantes en los roles se han de ocupar de tratar en relación con la materia en cuestión -la que sea- desde el rol adjudicado, pero en este nuevo rol la novedad es que también se encargan de que se cumplan las reglas del juego.

Como todo juego también los juegos de rol que estamos proponiendo precisan de un árbitro o director de escena.

Hemos dejado para el final a la figura clave de nuestra propuesta. Figura con la que todos los enfoques presentados, y algunos más que todavía quisiéramos desarrollar, podrán rodar y rodar.

En consecuencia, os presentamos al meta, a la figura principal de esta obra. Entra en escena la persona que aplicará una y otra vez el enfoque metacomunicativo. El enfoque por excelencia, por antonomasia. El enfoque que se preocupa de los enfoques. El *plus ultra* de los enfoques.

¿Quién es y cómo es el meta? Enfoque tras enfoque todos los que hemos propuesto necesitan un guía, alguien que tenga presente el enfoque específico a aplicar y sus correspondientes roles y criterios.

Hay gente muy observadora. Este tipo de gente goza de los detalles. No se aburre mirando. Prefieren no participar directamente. Los notarios, los observadores de la ONU en los conflictos internacionales. Los voyeurs en el sexo.

Hay otros que además de observar participan un poco más, no sólo observando, sino también cuidando que se respeten las reglas del juego. Los árbitros en las competiciones deportivas. Los directores de cine y teatro en el mundo del espectáculo.

Se les supone imparcialidad e independencia respecto a los participantes. Ecuanimidad y sabiduría en la aplicación de las normas.

Es su responsabilidad velar por el cumplimiento de las reglas y de los roles de cada enfoque.

En el inicio es quien explica los pormenores del acto comunicativo, el objetivo propuesto, los roles de los participantes.

Durante la aplicación del enfoque respectivo, es quien interactúa con los participantes repartiendo la palabra, estructura la reunión, marca los tiempos de las intervenciones… Pero sin inmiscuirse en el tema en cuestión.

Permítenos la digresión cinematográfica para introducir al personaje. Frank Herbert, autor de la trilogía *Dune*, nos presenta a las Bene Gesserit, una hermandad de sacerdotisas genéticamente evolucionadas -que independientemente de su participación en la trama de esta saga de ciencia-ficción- muestran una capacidad sobrenatural para la comunicación. Para ellas los humanos son transparentes en sus intenciones, en sus verdades y en sus mentiras. Además poseen un superpoder denominado como *la voz* y mediante la modulación vocálica hacen proposiciones que nadie puede rechazar -a su manera casi tan convincentes como las de Marlon Brando en su papel del padrino.

Sin llegar a esos extremos -si llegan tampoco pasa nada- el meta será el especialista en comunicación.

Obviamente debe reconocer los mecanismos del enfoque que metacomunica.

En el enfoque dialógico debe tener claro cómo conseguir todas las visiones y cómo inhibir el poder distorsionador.

En el diverso debe repartir los roles en un casting hecho a medida.

Y así en todos.

Además debe tener bien cargada la batería del detector de patologías de la comunicación, no sea que se le quede sin energía a mitad de sesión. Para ello debe conocer al dedillo cuáles son las patologías que se pueden dar. En lo relativo a este punto Watzlawick es su principal consejero.

Este perspicaz investigador enumeró una serie de situaciones que tenían consecuencias negativas para la buena marcha de la comunicación.

Según él, los aspirantes a comunicar lo hacían de acuerdo a unos axiomas que determinaban el éxito o el fracaso, dependiendo del tipo de relación que tuvieran. Afirmaba que sus investigaciones demostraban niveles distintos de comunicación, por una parte estaba la relación entre ellos y, a un nivel inferior, siempre subordinado al anterior, otro, el del contenido del mensaje. Con lo cual el mensaje estaba siempre condicionado por la relación de amistad u odio previa.

También demostraba la existencia de funciones complementarias, funciones similares y funciones contrarias entre los intervinientes.

Todas estas características, tanto las de relación como las de función podían conducir a lamentables escaladas competitivas, no colaborativas, a desconfirmaciones y desconsideraciones, a rechazos, descalificaciones y bloqueos.

Nosotros proponemos al *meta* como hábil muñidor y conductor que, como avezado maestro de ceremonias, siempre neutral en sus relaciones y distante respecto del contenido, sin entrar en el fondo de la cuestión, aplica las normas para llevar a buen término los enfoques comunicativos. Que es exactamente lo que esperamos que consigas con este libro que, de esta manera, llega a su final.

Esperamos haber conseguido el objetivo que nos propusimos al inicio. Deseamos haber sabido transmitir lo que pretendíamos. Un saludo.

Bibliografía

Adell Segura, J. & Castañeda Quintero, L. (2010) *Los Entornos Personales de Aprendizaje (PLEs): una nueva manera de entender el aprendizaje*. Alcoy: Marfil – Roma TRE Universita degli studi. Recuperado de https://digitum.um.es/jspui/bitstream/10201/17247/1/Adell%26Casta%C3%B1eda_2010.pdf

Aubert, A., Flecha, A., García, C., Flecha, R., y Racionero, S. (2008). *Aprendizaje dialógico en la sociedad de la información*. Barcelona: Hipatia Editorial.

Ausubel, D., Novak, J., y Hanesian, H. (2009). *Psicología educativa: un punto de vista cognoscitivo*. México, Trillas.

Camisón, C.; Cruz, S. y González, T. (2007): *Gestión de la calidad: conceptos, enfoques, modelos y sistemas*. Prentice Hall, Madrid.

De Ugarte, D. (2007) *El poder de las redes*. Madrid: El Cobre.

Dolan, S., Valle, R., Jackson, S. & Schuler, R. (2007). *La gestión de los recursos humanos. Cómo atraer, retener y desarrollar con éxito el capital humano en tiempos de transformación*. España: Mc Graw Hill.

Euler, L. (1736). *Solutio problematis ad geometriam situs pertinentis*. Recuperado de http://eulerarchive.maa.org//docs/originals/E053.pdf

Flecha, R. (1997). *Compartiendo Palabras: el aprendizaje de las personas adultas a través del diálogo*. Barcelona: Paidós.

Freire, P. (1970). *Pedagogía del Oprimido*. Madrid: Siglo: XXI.

Habermas, Jürgen (1987). *Teoría de la acción comunicativa*. Madrid: Taurus.

Foucault, M. (octubre-noviembre de 1983) *Discourse and Truth: the Problematization of Parrhesia*. Recuperado de https://web.archive.org/web/20080509135742/http://www.foucault.info/$/parrhesia/

La toma de decisiones. Recuperado de https://web.archive.org/web/20101216040910/http://www2.gobiernodecanarias.org/educacion/17/WebC/Apdorta/reunion.htm

Organizational charts. Recuperado de https://commons.wikimedia.org/wiki/Category:Organizational_charts

Senge, P. M. (2005). *La Quinta Disciplina En La Práctica*. Barcelona: Granica.

Siemens, G. (2006). *Conociendo el conocimiento* (2010, traducción de Emilio Quintana, David Vidal, Lola Torres y Victoria A. Castrillejo [Grupo Nodos Ele]). Recuperado de http://recursos.cepindalo.es/pluginfile.php/10515/mod_resource/content/1/docs_curso/saberMas/Siemens.Conociendoelconocimiento.pdf

Vygotsky, L. S. (1995). *Pensamiento y Lenguaje*. Barcelona: Paidós.

Von Bertalanffy, Ludwig (1976). *Teoría general de los sistemas. Fundamentos, desarrollo, aplicaciones*. México: Fondo de Cultura Económica.

Watzlawick, P., Beavin Bavelas, J., Jackson, D. D. (1981). *Teoría de la comunicación humana. Interacciones, patologías y paradojas*. Barcelona: Herder.

Wiener, Norbert (1985). *Cibernética*. Barcelona: Tusquets.

Notas: Las viñetas están confeccionadas usando la herramienta online *Strip Generator*. La foto de portada es de Josh Sorenson –free for personal and comercial use, no attribution required-(www.pexels.com).

EL PESCADO ESTÁ EN LA RED